Miraculous Beginnings

 Whitechapel Gallery

Miraculous Beginnings
Walid Raad

Catalogue publié sous la direction de Achim Borchardt-Hume

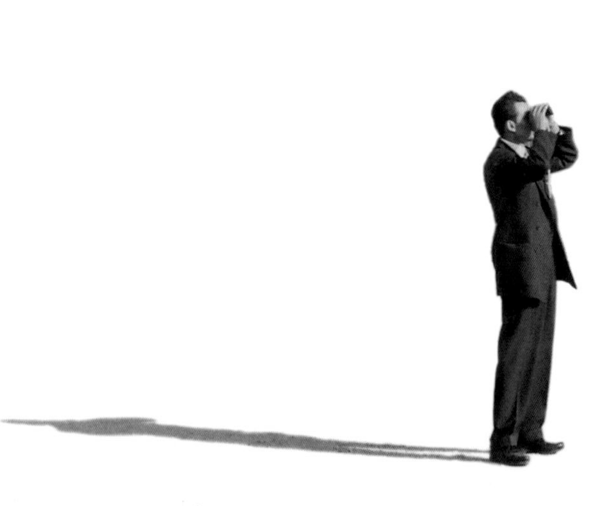

Avant-propos
Iwona Blazwick

La Whitechapel Gallery a commencé sa collaboration avec Walid Raad en novembre 2004, avec la présentation de sa conférence illustrée *The Loudest Muttering is Over* (2001), extraite de *A Short History of Performance Part II*. Raad se penchait sur les carnets d'un universitaire libanais, Dr. Fadl Fakhouri, pour interroger l'impact social et culturel des guerres civiles du Liban. À l'époque, peu de gens comprennent que le Dr. Fakhouri (comme les autres archives de *The Atlas Group*) est une création, et que Raad a scénarisé et chorégraphié les questions du public et d'un perturbateur véhément. Les distinctions entre fait et fiction, conférencier et public, acteur et témoin, disparaissent tout simplement.

Ce catalogue – et le spectacle qui l'accompagne – couvre plus de dix ans de l'œuvre de Raad. Il comprend *The Atlas Group*, son archive des guerres civiles du Liban, *Sweet Talk: Commissions (Beirut)*, série de « commandes » passées à lui-même, qui captent le visage changeant de Beyrouth, et *Scratching on Things I Could Disavow: A History of Art in the Arab World*, dans laquelle Raad commente avec férocité l'essor de l'art au Moyen-Orient.

C'est grâce à la générosité du Cercle de l'exposition que cette présentation a pu être réalisée. Nous remercions la Clarence Westbury Fondation, la Cranford Collection, Maryam et Edward Eisler, Noor Fares, Zaza et Philippe Jabre, Jack Kirkland, Maha Kutay, la Mundus Imaginalis Collection, Maya et Ramzy Rasamny, Maria et Malek Sukkar, Wedge Alternatives Ltd et tous ceux qui souhaitent garder l'anonymat. Nous remercions également la Henry Moore Fondation pour son soutien et son appui. Les prêteurs se sont montrés particulièrement généreux en nous confiant des œuvres de valeur. Nous remercions tout particulièrement les représentants de l'artiste, Andrée Sfeir-Semler pour la Galerie Sfeir-Semler à Hambourg et Beyrouth, Anthony Allen pour Paula Cooper Gallery à New York, ainsi qu'Anthony Reynolds et son équipe pour Anthony Reynolds Gallery à Londres.

Les administrateurs se joignent à moi pour remercier l'équipe de la galerie pour son travail acharné, et en particulier Achim Borchardt-Hume, commissaire général, qui a travaillé en étroite association avec l'artiste sur le cadre intellectuel de l'exposition et de cette publication ; Cassandra Needham, commissaire adjointe, pour sa mise en œuvre exemplaire du projet ; et Chris Aldgate, régisseur d'exposition, pour la sensibilité de son installation.

Ce catalogue marque aussi la performance que Walid Raad a présentée pendant un mois au CENTQUATRE à Paris, dans le cadre du Festival d'Automne de cette année. Nous remercions Marie Collin, directrice artistique du Festival, et Denis Bretin, secrétaire général, d'avoir associé leurs forces à la réalisation de ce beau livre. Nous remercions les auteurs pour leurs articles stimulants, et SMITH pour la qualité de leur maquette. Nous remercions également Maryam et Edward Eisler, Maya et Ramzy Rasamny, et Maria et Malek Sukkar pour le soutien exceptionnel qu'ils ont apporté au catalogue.

Travailler avec Walid Raad est un honneur, et aussi une grande joie. Cette joie traverse toutes les dimensions de son œuvre qui transforme les procédures pédagogiques, curatoriales et institutionnelles en actes créatifs. L'art de Raad est une méditation sur le récit, sur la manière dont les plaisanteries et les fables naissent du traumatisme, dont l'histoire naît de la géographie. Il s'épanouit dans l'esthétique de la couleur, d'un coucher de soleil ou d'une course hippique ; il offre de faire tomber la pluie et de réaliser des miracles. C'est un privilège pour nous tous d'y être associés.

Iwona Blazwick Directrice, Whitechapel Gallery

En quête du miraculeux
Walid Raad & Achim Borchardt-Hume

Ciel de Londres
19 avril 2010

Achim Borchardt-Hume

Une des différences les plus frappantes entre les premières œuvres de *The Atlas Group* et vos projets plus récents, en particulier *Scratching on Things I Could Disavow: A History of Art in the Arab World*, c'est l'importance de la couleur. Bien entendu, la couleur a toujours été présente dans votre travail. Parfois de façon subtile, et seulement sous forme d'allusion comme dans les délicates annotations de *Notebook volume 72: Missing Lebanese wars* (1989/1998), ailleurs elle prend le dessus pour devenir le personnage principal. Dans *Let's be honest, the weather helped* (1998/2006–7), le code des couleurs des munitions utilisées pour pilonner Beyrouth crée un riche motif chromatique formé de pois, qui empêche de consommer trop facilement les images de la ville en noir et blanc prises au beau milieu des guerres civiles du Liban. Le formalisme de la composition abstraite, créée par les pois, s'oppose diamétralement au mode documentaire des photographies qui sont au-dessous.

Le bleu, symbole de promesse (le ciel bleu vif d'une belle journée), de neutralité (les casques des forces de maintien de la paix de l'OTAN au Moyen-Orient) et d'espoir romantique (la fleur bleue de Novalis qu'on ne peut trouver, même en la cherchant indéfiniment), comme sa riche tradition dans l'art occidental (du bleu du manteau de la Vierge dans la peinture médiévale au bleu IKB breveté par Yves Klein), occupe une place centrale dans *Secrets in the open sea* (1994/2004). En même temps, le bleu électrique de l'une des planches en particulier rappelle le ciel bleu Technicolor que l'on a vu dans les journaux télévisés lors du 11 septembre 2001, et qui les rendait d'autant plus dérangeants. (Bizarrement, lorsque le volcan Eyjafjallajökull est entré en éruption en avril 2010, et que toute la circulation aérienne a été interdite sur l'Europe, le ciel de Londres a encore une fois pris ce bleu numérique, ce qui me conduit à me demander si les catastrophes, naturelles ou causées par l'homme, sont désormais les seules occasions de faire l'expérience d'un ciel bleu dégagé dans notre métropole.)

Plus récemment, dans *Appendix XVIII: Plates* (2010), qui fait partie de *Scratching on Things I Could Disavow*, vous spéculez sur le sauvetage de la couleur au profit d'un art moyen-oriental encore à venir. La couleur, selon le texte qui accompagne l'œuvre, sera disponible pour les artistes du futur, non s'ils se tournent vers les œuvres d'art du passé, mais s'ils portent une attention scrupuleuse au caractère éphémère du cadre institutionnel actuel de l'art moderne. Les titres d'une série de grandes planches photographiques aux couleurs vives font allusion à des catalogues d'exposition, des en-têtes de lettres, des relevés de ventes, etc. Comment décririez-vous le rôle de la couleur dans votre travail ?

Walid Raad

I.

Out of the blue…

Into the blue…*

II.

Même si toutes mes œuvres sont en couleur, qu'elles soient explicitement réalisées en couleur ou qu'elles soient en noir et blanc, j'ai remarqué que parfois, surtout dans les vidéos, le cadre est rempli d'une seule couleur ou d'une bande de couleur.

Par exemple, dans *Hostage: The Bachar Tapes (#17 and #31)_ English Version* (2000), la cassette commence par une voix-off masculine en arabe, sous-titrée sur fond gris :

- Je m'appelle Souheil Bachar.
- J'ai 35 ans.
- J'ai été kidnappé en 1983. J'ai été relâché en 1993.
- Je suis originaire du village de Houla au sud du Liban.
- Merci de traduire ce que je dis dans les séquences vidéos qui suivent de l'arabe vers la langue officielle du pays où les cassettes sont diffusées. L'anglais pour la Grande-Bretagne, le français pour la France, l'arabe pour le monde arabe, etc.
- Je vous demande aussi de doubler ma voix par une voix de femme au ton neutre.
- Sous-titrez ce que je suis en train de dire. Faites apparaître les sous-titres sur fond gris, ou sur fond bleu si vous préférez. Bleu comme la Méditerranée.

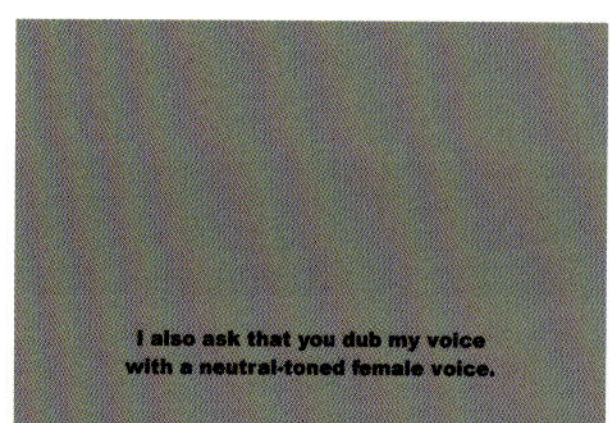

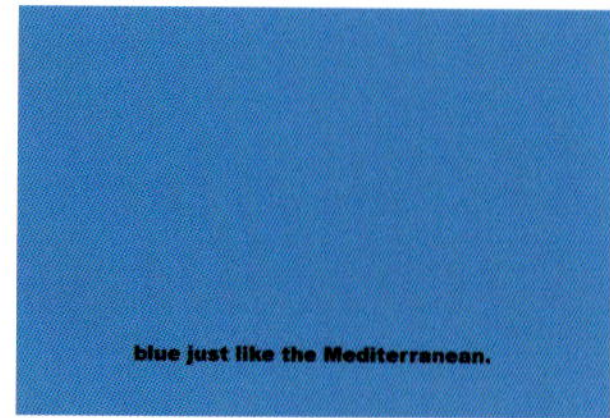

Dans la même œuvre :

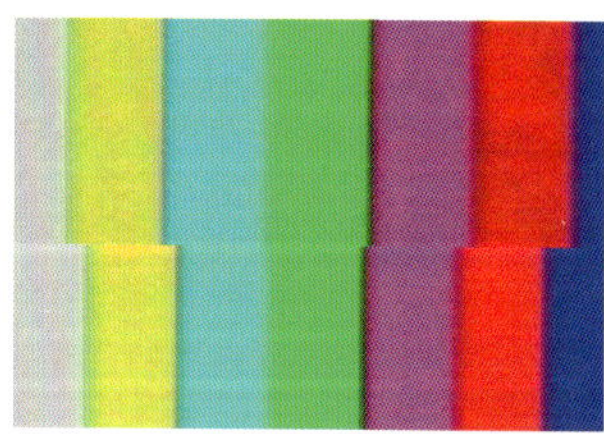
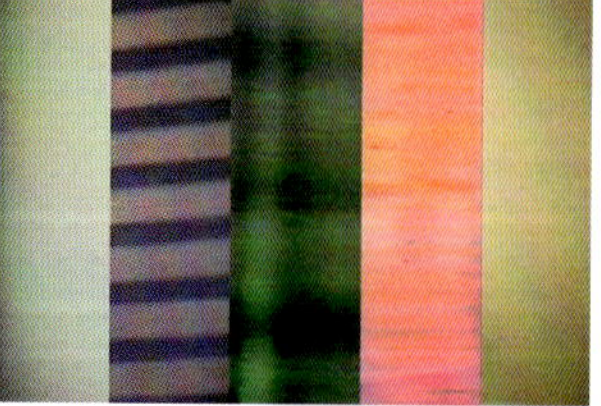

Et dans la séquence suivante où la couleur rouge apparaît au milieu du témoignage de Bachar, lorsqu'il évoque la dimension homoérotique de sa captivité :

* N.d.T. : Ces expressions, qui utilisent l'adjectif « bleu », signifient respectivement « de façon inattendue », et « à l'aventure, dans l'inconnu » .

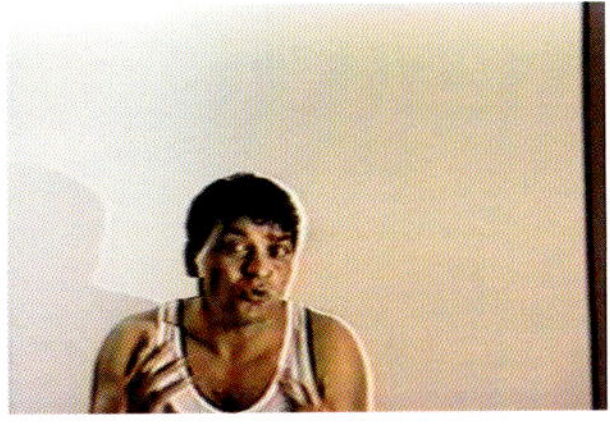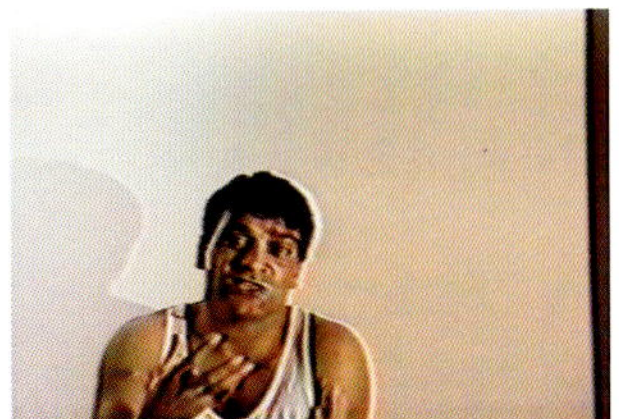

Dans *We can make rain but no one came to ask* (2003/2006), vers la fin de la cassette, juste avant une séquence muette de trois minutes basée sur les clichés que le photojournaliste George Semerdjian a pris sur le site de la détonation d'une voiture piégée le 21 janvier 1986, l'écran suivant apparaît pendant plusieurs secondes :

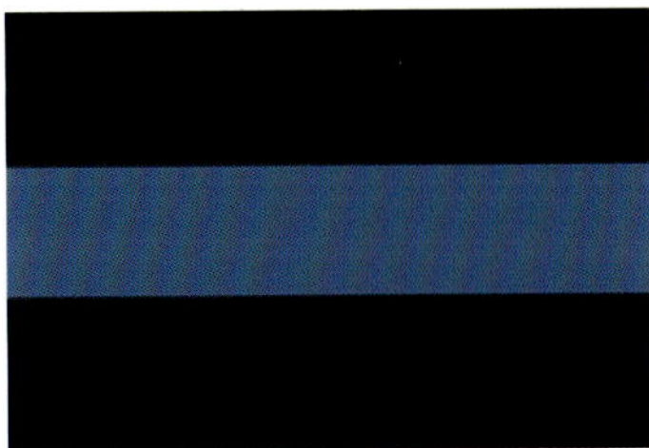

Les couleurs surgissent rarement de façon brutale. Elles apparaissent en fondu enchaîné, et ne durent que quelques secondes.

III.

J'ai autant de mal à résister à un « écran bleu » qu'à un projecteur vidéo passant au bleu en l'absence d'un signal vidéo.

IV.

Dans les années 1980, quand on développait encore les photos de façon chimique, j'étais fasciné par la façon dont le papier photographique (noir et blanc ou couleur) produit des couleurs et des tons, notamment en l'absence d'un négatif ou d'une image. A l'époque, je travaillais aussi comme technicien chimiste mélangeur à l'université de Rochester (New York, États-Unis) où je faisais mes études, et j'ai passé des mois à jouer avec les variables qui affectent la reproduction des couleurs et des tons sur le papier photographique : temps d'exposition, température de la couleur et ancienneté de l'ampoule de l'agrandisseur, date d'expiration, humidité et température du papier photographique, composition et température des produits chimiques utilisés, etc. J'ai obtenu des centaines de nuances de gris, de bleu et de rouge, toutes différentes et résultant d'une combinaison unique de lumières, d'émulsions, de liquides et de températures. Je me souviens aussi qu'à l'époque de ces expériences techniques, j'ai fait des voyages mémorables à la George Eastman House où j'ai vu des photos d'Eugène Atget, Berenice Abbott, Walker Evans, Gustave Le Gray, Man Ray, August Sander et Carleton Watkins, entre autres, et à la Albright-Knox Art Gallery à Buffalo, où j'ai vu les tableaux d'artistes tels qu'Helen Frankenthaler, Barnett Newman, Arshile Gorky, Morris Louis, Jackson Pollock, Ad Reinhardt, Mark Rothko, Frank Stella et Clyfford Still. Je dois dire que tout cela se passait pendant l'une des pires phases des guerres civiles au Liban, alors que je parlais tous les jours à ma

Clyfford Still
1957-D No. 1
1957

famille au téléphone et que j'essayais de comprendre comment ils avaient vécu les derniers combats.

La rencontre avec les tirages de la George Eastman House et les tableaux de la Albright-Knox Art Gallery ont dû s'associer aux appels quotidiens à Beyrouth pour former un cocktail puissant qui, à l'époque, n'arrivait pas à se mêler de façon fluide aux expériences chimiques et optiques menées dans ma chambre noire. Il m'a fallu quinze ans pour que le mélange se réalise dans des œuvres telles que *Secrets in the open sea* (1994/2004), *We decided to let them say, "we are convinced," twice,* (2002/2006) et *Let's be honest, the weather helped* (1998/2006–7).

V.

Imaginez le scénario suivant : une artiste, connue pour son utilisation de couleurs éclatantes, décide, pour des raisons qu'elle ne peut pas comprendre, de réduire sa palette à une seule couleur. Lorsqu'on lui demande pourquoi elle n'utilise qu'une seule couleur, le bleu par exemple, l'artiste répond : « le bleu est la seule couleur qui me soit disponible aujourd'hui. » Quand on lui présente d'autres pigments, d'autres couleurs, elle précise qu'elle est tout à fait consciente de la disponibilité physique des autres couleurs. « Les autres couleurs ne sont pas matériellement épuisées, mais retirées de façon immatérielle » explique-t-elle. J'aurais eu plus de mal à imaginer ce scénario (et encore plus à le vivre) sans les livres de Jalal Toufic et son concept de « retrait de la tradition après un désastre démesuré. »[1]

ABH Dans une certaine mesure, une vaste étendue d'une seule couleur agit toujours comme un écran vide sur lequel le spectateur projette son monde intérieur d'associations et d'idées. Les grandes planches souvent monochromes de *Appendix XVIII: Plates* tirées de *Scratching…* mettent en œuvre une dynamique semblable, sauf que le détail typographique qui relaye l'information sur l'origine supposée de la couleur fait obstacle au sentiment d'abandon visuel. Cette dynamique qui consiste à attirer le spectateur (par exemple, en construisant des récits insolites comme c'est le cas dans *Fakhouri File*) pour finalement différer la résolution (par exemple sur la véracité de ces récits) est constante dans votre travail, dès le début de *The Atlas Group*.

WR J'ai rarement considéré les œuvres monochromes que j'ai rencontrées comme des écrans vides, mais plutôt comme des surfaces beaucoup trop remplies. Et il a toujours été clair pour moi qu'elles n'étaient pas remplies par mes propres projections, mais par

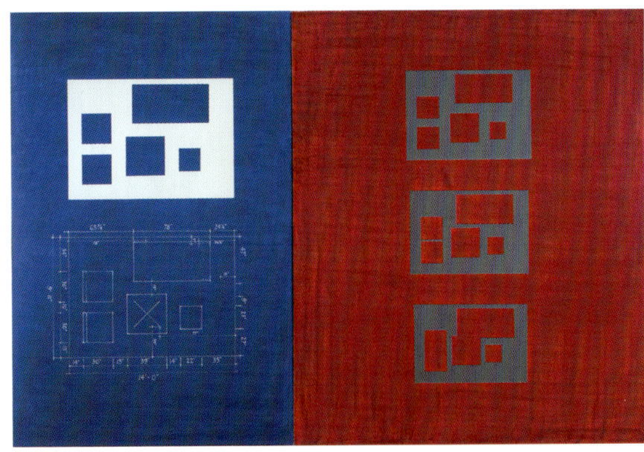

David Diao
The Rug, It Shrank!
2004–5

leur propre matière. Elles étaient tantôt remplies par une couleur ; tantôt par trop de couleurs (qui pour certains semblaient ne former qu'une seule couleur, et pour d'autres plusieurs couleurs) ; elles pouvaient aussi parfois contenir d'autres éléments, outre les pigments, les huiles, l'eau et la toile.

Il m'est aussi arrivé d'expérimenter le monochrome comme une surface hautement cryptée, remplie de signes adressés à un destinataire inconnu. C'est peut-être indirectement lié à mes expériences au Liban, où la politisation et la militarisation de l'espace ont donné naissance à des méthodes de dissimulation et de codage multiples.

Je n'ai pas nécessairement l'impression que « j'attire le spectateur pour finalement différer une résolution ». Mon impression est qu'une logique d'observation est disponible à un niveau – qu'on pourrait appeler le niveau « attirer le spectateur » ; mais que ce que vous entendez par « différer finalement une résolution » répond à une autre logique d'observation, avec ses propres coordonnées qualitativement distinctes. Le passage d'une qualité de coordonnées à une autre peut sembler signifier, pour certains, que l'on « diffère la résolution ».

ABH Depuis *Couleur rouge pure*, *Couleur jaune pure*, et *Couleur bleue pure* de Rodtchenko en 1921, le format du monochrome est un moyen de spéculer sur les limites de l'art et en particulier de la peinture, ainsi que sur sa capacité à servir encore d'arène pour la recherche philosophique.

Olivier Mosset, avec ses séries de toiles monochromes en perpétuelle évolution, a développé cette question de la frontière finale sans aucune compromission. Le travail du peintre David Diao, auquel vous m'avez introduit, explore ces limites d'une autre manière en associant des *colour fields* monochromes à des références textuelles qui interrogent les critères supposés du succès artistique, en particulier vis-à-vis de ce qu'on appelle « l'autre ». Votre utilisation du monochrome participe-t-elle aussi de cette exploration de la finalité – ou peut-être, de façon plus optimiste – en considérant cette fin comme le point de départ de quelque chose de nouveau, en particulier pour la photographie et sa capacité présente à créer des images ?

WR J'ai rarement réalisé une image d'une seule couleur. *Secrets in the open sea* se compose d'une grande étendue bleue, mais aussi du cadre blanc qui l'entoure, de la petite image noir et blanc en bas à droite, et de courts textes qui fonctionnent comme des légendes à l'intérieur de la planche. De la même façon, la plupart des grandes planches de *Appendix XVIII: Plates* comportent plus d'une couleur, ainsi que des lettres, des mots,

des formes et des lignes. Mais ces couleurs, lignes et formes sont toutes « prêtées »
par divers documents. Mon approche se rapproche de celle de certains photographes
documentaires ; je produis une image en « empruntant » des faits historiques.

Ainsi, la couleur qui apparaît comme du jaune dans *Plate 103: A History of a Title* est
« prêtée » par la couverture d'un livre d'histoire de l'art arabe, vieux de plusieurs décennies.
Sur la planche, la couleur ne fait pas référence au livre, et la légende qui l'accompagne
ne mentionne pas l'origine du texte, des lignes et des couleurs qui sont présentées. Sur
ma planche, la couleur s'efforce « simplement » d'être une couleur. De plus, je ne suis
pas sûr que cette couleur fasse un jour référence au livre dont elle est tirée. Elle pourrait
continuer à faire référence à du « jaune » ; ou bien elle pourrait un jour faire référence
à une autre couleur comme du « vert » ; ou elle pourrait encore se métamorphoser
physiquement en une autre couleur ; elle pourrait perdre sa peau et révéler une autre
couleur sous le « jaune. » J'ai l'impression de documenter une couleur qui n'est pas
encore disponible en tant qu'élément référentiel, documentaire, « en courant le risque
annexe que des attributs du sujet soient pris pour des attributs purement formels. »[2]
À proprement parler, je n'ai pas l'impression d'être à un terme, mais plutôt au début
d'un processus plein d'incertitudes, qui va durer un certain temps. Je pourrais aussi le
décrire en disant qu'en documentant cette couleur, je sens que je deviens le récipiendaire
d'une lettre que je suis censé sauvegarder pour un destinataire futur. Il en va de même
pour les lignes, les formes et les contours qui apparaissent sous forme de mots et d'images
dans la même série. Il est très possible que ce qui apparaît sous la forme d'un « P »
dans les mots qui composent l'expression « *post-war contemporary art in Lebanon* » (l'art
contemporain de l'après-guerre au Liban) dans *Plate 103*, ne soit qu'une ligne dont on
confond trop souvent la forme avec un « P ». Cette confusion n'est pas un obstacle à
surmonter. Au contraire, elle est centrale à la survie et à la disponibilité de cette ligne
pour les artistes du futur.

ABH Une grande partie de votre travail instaure une rencontre très directe avec le
spectateur, dont on peut facilement sous-estimer l'intensité lorsque l'on voit vos œuvres
dans un contexte moins immédiat : dans des articles de magazines, des catalogues
d'exposition ou sur Internet. Votre utilisation de l'échelle est particulièrement habile.
Les images alignées de *Appendix XVIII: Plates* ou de *Secrets in the open sea*, par exemple,
enveloppent le spectateur et suscitent une réaction intuitive qui précède l'acte cérébral
par lequel on cherche à comprendre les motivations intellectuelles de votre travail.
Dans d'autres œuvres, vous vous concentrez sur un détail pour attirer le spectateur au
cœur de l'image. *My neck is thinner than a hair: Engines* (2001/2003) ou *"Oh God," he
said, talking to a tree* (2004/2008) sont de parfaits exemples de cette stratégie. Comment
concevez-vous la corrélation qui existe entre les dimensions expérimentales, esthétiques,
conceptuelles – et en fin de compte politiques – de votre travail ?

WR I.
The Atlas Group, Scratching on Things I Could Disavow et peut-être même *Sweet Talk:
Commissions (Beirut)* (1987–aujourd'hui) ont été créées en supposant qu'elles auraient
des formats multiples : tirages encadrés ou non ; images et sons projetés, documents
publiés (sur papier et/ou sur Internet). Les œuvres sont aussi créées en supposant
qu'elles seront présentées sous forme d'installation dans des musées, des galeries
et des centres d'art ; sous forme de scénarios et de diapositives lors de conférences

et de performances dans des théâtres de type « boîte noire », des lieux dédiés au
spectacle vivant, des salles de classe ou de conférences, et des maisons de quartier ;
et enfin sous forme de livres, qu'il s'agisse de livres d'artistes, d'essais comprenant
des images et du texte, publiés dans des revues universitaires ou non, en ligne, dans
des magazines, des journaux ou des catalogues. Parfois, les différents formats intensifient
certaines qualités du travail, ou au contraire les diluent. La plupart des concepts et des
expérimentations qui motivent mon travail me semblent tout à fait élastiques, dans le
sens où ils ne sont pas nécessairement liés à des médiums spécifiques ou à des formes,
des lignes, des couleurs ou des contours précis. *Notebook volume 72: Missing Lebanese
wars* existe sous forme de fichiers numériques projetés lors de la conférence multimédia/
performance *The Loudest Muttering is Over* ; de tirages encadrés et exposés dans *The
Fakhouri File* ; et de planches reproduites dans des revues ou des livres comme dans
The Atlas Group Archive: Volume 1.[3] Je suis tout aussi impliqué vis-à-vis de l'image qui
apparaît sur un écran d'ordinateur, de celle qui est projetée, de celle que je tire et que
j'encadre, ou de celle que je mets en page pour qu'elle soit vue dans un volume que
l'on peut tenir dans la main.

II.

Il m'est assez difficile de définir les limites physiques de certaines de mes œuvres, sans
parler de distinguer leurs aspects expérientiels, esthétiques, conceptuels, politiques,
techniques, critiques, personnels et historiques. Tous ces aspects forment un continuum,
une corrélation définitoire comme vous l'écrivez dans votre question. Si et quand je
travaille sur une exposition de *The Atlas Group*, par exemple, j'essaye d'envisager l'exposition
comme un tout, comme une seule installation. Je traite beaucoup d'éléments intérieurs
et extérieurs à l'espace d'exposition comme faisant partie intégrante de l'œuvre : de
l'image tirée ou imprimée au cadre, de la couleur des murs aux légendes et cartels, en
passant par l'éclairage, les murs, le sol et le plafond ; des gardiens, guides, catalogues,
communiqués de presse, lettres d'information, panneaux et affichages publiques, textes
des commissaires et des directeurs, logos, billets d'entrée, à n'importe quel entretien ou
conversation qu'on me demande de mener avec des journalistes, des étudiants ou avec
le public en général, etc.[4] Il en va de même pour les performances et les conférences
liées à *The Atlas Group*, où je m'aperçois que je suis très sensible à des éléments comme
le pupitre et la table, la chaise et le tabouret, la bouteille et le verre d'eau, la taille et la
qualité de l'image projetée ; la position et le son du projecteur dans la pièce ; les objets
périphériques typiques de l'amphithéâtre universitaire, comme le vieux projecteur en
hauteur dont le câble est mal déroulé, le tableau noir sur lequel un étudiant maussade
exprime sa rage contre un professeur, un autre étudiant ou une idée, ou les chaises
dépareillées de la salle. Je suis tout aussi sensible aux difficultés techniques ou autres
qui interrompent inévitablement la présentation, à la session des questions-réponses,
au silence gêné de quelques secondes qui suit les mots de l'orateur « nous avons le temps
pour quelques questions s'il y en a… » - jusqu'aux conversations plus ou moins informelles
que l'intervenant aura avec certains membres du public après la conférence, et au dîner
ou déjeuner qui suivra avec ceux qui l'ont invité. Il se peut que seul *The Atlas Group*,
qui se déploie aussi dans la fiction, nécessite ce genre de fluidité, tandis que le cadre
de *Sweet Talk: Commissions (Beirut)*, sur lequel je travaille pour cette exposition, est
peut-être plus rigide.

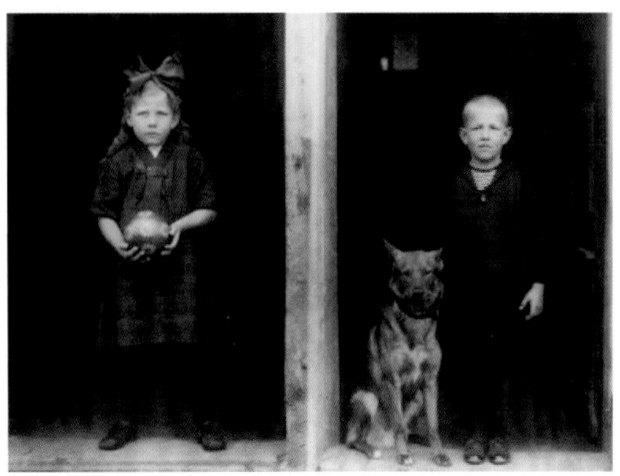

August Sander
Enfants à la ferme
1931

ABH Vous connaissez très bien l'histoire de la photographie et vous êtes hautement conscient des conventions liées à la fabrication des images qui ont largement évolué au fil du temps. Vous avez mentionné August Sander, dont les *Hommes du XXe siècle* reste l'archétype de « l'atlas » documentant froidement une société en plein bouleversement, et c'est un catalogue de photographies de Walker Evans qui sert de modèle à la composition formelle de *Sweet Talk: Commissions (Beirut)*. Vous avez mentionné plus tôt le plaisir que vous aviez à produire des images qui ont l'apparence de photographies sans en réalité utiliser de négatif, et celui que vous trouviez dans la matérialité pure de l'image photographique.

Vous jouez souvent des conventions de l'abstraction et de la représentation, et de leur histoire distincte au sein du modernisme du XXe siècle. Je me suis souvent demandé si, au lieu des termes de fait et de fiction, les termes de représentation et d'abstraction ne seraient pas plus adéquats pour définir les pôles dynamiques de votre travail.

Je trouve frappant que cette polarité entre abstraction et représentation, et le brouillage de leurs frontières supposées, semble avoir principalement préoccupé les artistes qui furent témoins ou travaillèrent immédiatement après de grandes crises historiques, irréductibles à un récit unique faisant autorité. Monet, par exemple, a peint ses nymphéas, qui dissolvent l'espace reconnaissable pour en faire une masse de touches inquiétante, ceci après que la première guerre mondiale et la guerre de tranchées ont irrévocablement transformé notre compréhension collective du paysage. Vous nous avez dit avoir vu les tableaux de Newman, Pollock et Rothko à l'époque où vous receviez de votre famille des nouvelles en direct de la guerre. Bien entendu, l'expressionnisme abstrait s'est développé, en grande partie, en réaction au désastre de l'humanisme que constitue la deuxième guerre mondiale et l'Holocauste. Rothko, par exemple, ne s'est jamais considéré comme un artiste abstrait, il insistait au contraire sur le fait qu'il était un peintre figuratif qui représentait le drame de l'existence humaine. Certains des artistes les plus importants de notre temps, comme Gerhard Richter, ont aussi rejeté l'idée selon laquelle l'abstraction et la représentation seraient exclusives l'une de l'autre, et les traitent au contraire comme deux faces de la même pièce. Curieusement, Richter a encore une fois élaboré cette position dans un contexte historique traumatique, celui de l'Allemagne après la deuxième guerre mondiale.

Cette dynamique entre représentation et abstraction dans l'art moderniste tardif s'applique aussi, selon moi, au concept d'histoire et à sa documentation. On peut dire que le récit historique repose toujours sur un processus d'abstraction à partir de récits spécifiques issus de l'expérience individuelle ; et paradoxalement, c'est seulement en

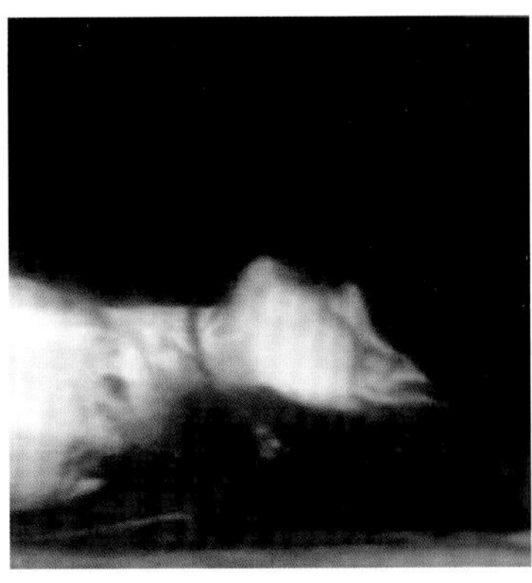

Gerhard Richter
Tote
1988

utilisant des stratégies de représentation que ce processus d'abstraction est possible.
Les écoles libanaises ne peuvent enseigner l'histoire que jusqu'à l'indépendance en 1943,
après quoi il n'y a pas de consensus sur la suite des événements, ce qui rend d'autant
plus précurseurs les efforts des écrivains et des artistes pour se réconcilier avec l'histoire
récente du pays. Ma question est la suivante : pensez-vous que les spécificités de la
situation historique du Liban, c'est-à-dire les guerres civiles et leur héritage, ont pu
rendre possible et conditionner une nouvelle approche de la production d'images ?

WR Je cite ici longuement le texte de Jalal Toufic « To Remember or Not to
Remember – That is Not a Question », extrait de son livre *Undeserving Lebanon*[5] :

Contre l'amnésie post-traumatique qui prévaut dans le Liban d'après-guerre, renforcée
par la loi générale d'amnistie, scandaleuse et injuste, que le parlement a votée le 28
mars 1991 (Loi n°84/91), et qui pardonnait tous les crimes politiques précédant sa
mise en application à l'exclusion des « crimes d'assassinat ou de tentative d'assassinat
de figures religieuses, de chefs politiques et de diplomates étrangers ou arabes », les
écrivains et les cinéastes auraient dû imaginer des scénarios et des stratégies volontaristes
pour se souvenir ou, au contraire, ne pas se souvenir :
– Ne pas se souvenir – sans oublier. Il ne pouvait plus supporter leur amnésie
post-traumatique et se porta volontaire pour la première tentative au monde de
voyage dans le temps, afin de se rendre dans d'autres régions du multivers où « ils »
(en réalité une autre version d'eux), ne se souviennent ni de lui, de la guerre civile
ou des invasions israéliennes, non parce qu' « ils » les ont oubliés mais parce qu'
« ils » n'ont pas subi de guerre civile et d'invasion, et parce qu'« ils » ne l'ont jamais
rencontré auparavant, c'est-à-dire qu'il voyage dans le temps en partie pour qu'
« eux » ne se souviennent pas de lui sans qu'« ils » l'aient oublié, c'est-à-dire,
pour priver le fait de ne pas se souvenir du fait d'oublier (c'est l'une des lectures
rigoureuses que l'on peut faire de *L'Année dernière à Marienbad* de Resnais, où
l'homme se souvient d'une femme qui ne se rappelle pas l'avoir rencontré [l'année
précédente à Marienbad]). A ma connaissance, les Libanais n'ont réalisé aucun
film ou vidéo qui raconte un voyage dans le temps – pas plus qu'un film ou une
vidéo qui explore les ruines labyrinthiques du Beyrouth d'après-guerre, « dans »
lesquelles, même si l'on peut tomber sur une photo ou une vidéo de nous dans les
ruines, on pourrait ne pas se rappeler d'avoir été là – non parce qu'on a oublié que
l'on avait visité les ruines, mais parce que, si vous n'avez effectivement jamais été

là avant d'entrer dans le labyrinthe, « dès que vous entrez dans le labyrinthe, vous avez déjà été là. » [6]

– Se souvenir : comme le lecteur s'en souvient peut-être, les Libanais n'ont, à ma connaissance, pas réalisé de film qui explore les ruines labyrinthiques du Beyrouth d'après-guerre, ce qui rend possible le mystère suivant : même si je suis certain de pénétrer dans cette ruine pour la première fois, je me souviens par moments de ce qui s'y trouve à un endroit particulier.

Alors qu'au Liban la plupart des artistes et des écrivains dénoncent l'amnésie post-traumatique de l'après guerre civile, la plupart d'entre eux oublient un événement majeur en terme de mémoire, l'« Achoura », la commémoration annuelle, chez les chiites duodécimains, du massacre de l'Imâm Hussein et de soixante-douze de ses compagnons en 680 – cet oubli est un symptôme du sectarisme persistant de la plupart des autres Libanais et arabes envers les chiites.[7] Au Liban, l'amnésie est principalement dirigée contre le passé récent et traumatique, en particulier la guerre civile prolongée et les deux invasions israéliennes ; tandis que la mémoire est dirigée vers l'avenir, vers une promesse messianique (cf. à la fois ma vidéo *'Âshûrâ': This Blood Spilled in My Veins*, 2002 et mon ouvrage du même titre paru en 2005).[8]

Vous demandez si « les guerres civiles et leur héritage ont rendu possible et conditionné une nouvelle approche de la production d'images » ? Je réponds que la guerre civile prolongée a produit, entre autres, un auteur, Jalal Toufic, qui écrit que les artistes libanais n'ont pas privé le fait de « ne pas se souvenir » du fait « d'oublier », et n'ont pas réalisé d'œuvre, de film ou de vidéo qui imagine « des scénarios et des stratégies volontaristes pour se souvenir ou, au contraire, ne pas se souvenir » ; et qui écrit aussi que les artistes libanais n'ont pas réalisé de film ou de vidéo qui explore les « ruines labyrinthiques du Liban d'après-guerre ». Il semble que l'une des conséquences de la guerre civile prolongée soit un auteur dont les livres sont très importants pour moi ; un auteur qui écrit sur ce que les artistes libanais ne sont pas parvenus à faire, dans les premiers paragraphes de son livre *Undeserving Lebanon*.[9]

ABH Vous avez déjà mentionné Jalal Toufic, en particulier l'importance qu'a pour v ous la notion de « retrait de la tradition après un désastre démesuré ». Et vous venez de mentionner la notion de temps – d'événement en relation à son occurrence, dont les conséquences façonnent l'avenir et dont on se souvient comme du passé – ce qui contraste fortement avec la façon linéaire dont on présente habituellement le temps. La relation entre le présent et le passé, entre le souvenir et la façon dont il façonne notre pensée de l'avenir, est aussi centrale au fonctionnement d'un musée. En tant que lieu dépositaire de la culture, le musée agit comme le contenant de notre subconscient historique, qui se matérialise à nouveau lorsque l'on observe des objets particuliers. En Occident, par exemple, nous sommes toujours ébranlés par les dommages infligés par deux guerres majeures et un génocide de masse, même si l'économie capitaliste du plaisir et sa promotion d'un présent perpétuel essayent de nous le faire oublier. Les musées sont les lieux où de tels souvenirs réprimés – peut-être devrait-on dire hors d'atteinte - remontent à la surface de notre conscience. Il y a des lieux qui révèlent perpétuellement les manques, les instants où ceux qui ont du mal avec le statu quo soulèvent les questions pertinentes de l'époque, et ouvrent un espace critique qui nous permet finalement de repenser la direction dans laquelle avancer.

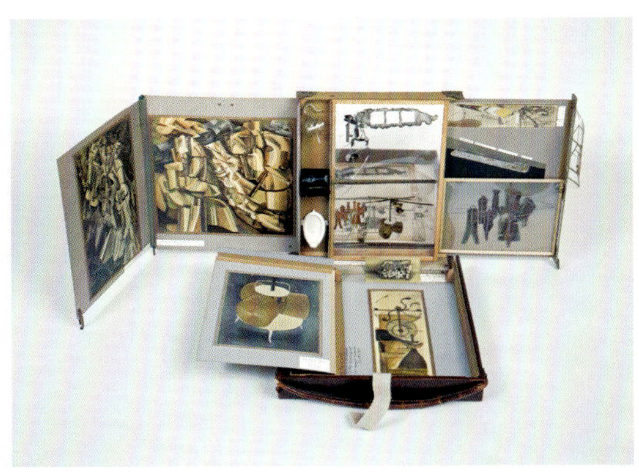

Marcel Duchamp
Boîte-en-valise
1935-41

Dans votre travail récent en particulier, le musée semble devenir une référence encore plus importante. *Scratching on Things I Could Disavow* est sous-tendu par votre recherche sur l'actuelle multiplication des musées dans la région du Golfe, notamment l'appétit pour les musées franchisés à fort capital de marque, comme le musée Solomon R. Guggenheim ou le Louvre. Vous rendez cela particulièrement explicite dans la conférence et la visite qui accompagnent ce projet, et dans la performance théâtrale ambitieuse que vous présenterez pour la première fois au CENTQUATRE. Au centre de *Scratching…* figure une rétrospective miniature des œuvres complètes de *The Atlas Group*. Cette « maquette » – bien qu'il ne s'agisse précisément pas d'une maquette, et qu'elle ne préfigure pas le travail de *The Atlas Group* puisqu'elle lui est postérieure – n'est pas sans rappeler la célèbre *Boîte–en–valise* (1935–41) de Marcel Duchamp. Le fait de refabriquer ses œuvres les plus emblématiques, dont le *Grand Verre* et *Fontaine*, à une échelle beaucoup plus réduite, a permis à Duchamp, qui était aussi un artiste français immigré aux États-Unis, de transporter son œuvre avec lui ; même si – pour lui comme pour vous – c'était d'une façon beaucoup plus notionnelle que réelle. Le jeu sur l'échelle soulignait tant la force conceptuelle des œuvres que, paradoxalement, leur attachement à une matérialité distinctive. (L'urinoir miniature qui représente *Fontaine*, par exemple, était le produit d'un artisanat méticuleux et un bien particulièrement précieux pour Duchamp. Votre maquette témoigne de la même fascination pour l'idée de fabrication).

Notre exposition se conclut sur la projection spectaculaire de l'architecture imaginaire d'un musée du futur, qui doit encore être construit, pour accueillir un art du Moyen-Orient, encore à réaliser. Quel est votre rapport au musée et à la place qu'il occupe dans la géographie fluctuante du passé, du présent et de l'avenir ?

WR I.

Tout d'abord, quelques faits bruts et quelques remarques sur ce qui se passe actuellement dans le Golfe Arabique/Persique :

Au cours des dix dernières années, j'ai accueilli avec fascination (et scepticisme) l'apparition de nouvelles structures dédiées à l'art, comme des festivals, des forums et ateliers, des musées, des galeries, des fonds, des prix, des fondations, des catalogues, des écoles et des revues, dans des villes telles que Abou Dabi, Amman, Beyrouth, Le Caire, Charjah, Damas, Doha, Dubaï, Istanbul, Jérusalem et Ramallah. J'ai l'impression que nous assistons à une accélération de la formation des artistes libanais, de l'art contemporain arabe et moyen-oriental, de ses genres, généalogies et histoires. Bien entendu, cette

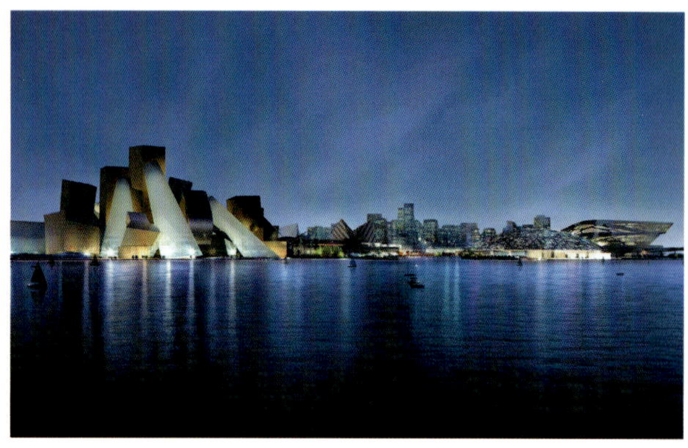

Projet de quartier culturel sur l'île de Saadiyat
Abou Dabi
2010

structure n'a pas poussé de rien sur un sol infertile. Si les galeries de type *white cube* sont plus ou moins nouvelles dans les villes arabes, d'autres structures (fondations, collectifs, musées, galeries, collections, magazines, revues ou écoles) ont des précédents historiques sur lesquels cette nouvelle infrastructure peut parfois s'appuyer, avec laquelle elle peut parfois entrer en rupture, ou dont elle peut tout simplement ne pas tenir compte. Il est également clair pour moi que le développement de cette nouvelle infrastructure est lié à une tendance économique plus large pour laquelle, de plus en plus, le tourisme culturel est un moteur de la croissance économique.

Sur le front culturel, je suis toujours frappé par ce qui se passe dans les Émirats arabes unis (EAU), et en particulier à Abou Dabi. Au cours des dernières années, Abou Dabi a diversifié son économie dominée par les hydrocarbures. Elle a investi fortement dans l'aérospatiale, la santé, les technologies biomédicales, l'éducation, la fabrication des semi-conducteurs et des puces, la finance et, comme vous le savez sans doute déjà, dans la culture et les arts.

L'investissement principal dans la culture et les arts est celui de l'île de Saadiyat, dont on a beaucoup parlé - un projet de 27 kilomètres carrés et 27 milliards de dollars, qui comprendra le plus grand musée Guggenheim à ce jour dessiné par Frank Gehry, une antenne du Louvre signée par Jean Nouvel et le musée national Sheikh Zayed conçu par Norman Foster et ses associés. Le projet de Saadiyat comprendra également un musée maritime dessiné par Tadao Ando, un centre des arts de la scène conçu par Zaha Hadid, quelques marinas, des hôtels 7 étoiles, des restaurants, des cours de golf etc.

Mais il est important de noter qu'Abou Dabi ne se contente pas d'engager des « architectes-stars » pour construire des Mecques culturelles et les remplir d'un art occidental, arabe, turque, indien et iranien haut de gamme et de valeur sûre, dans l'espoir que cela suffise à attirer des millions de touristes dans l'émirat. Le projet d'Abou Dabi comprend aussi des universités et des facultés, des revues et des magazines d'art, des prix, des fondations ; des collections d'art islamique, occidental, oriental, antique, moderne et contemporain, privées et publiques, des chargés d'exposition, assureurs, auteurs, critiques, galeries, mécènes, collectionneurs, archives, bibliothèques, imprimeurs, encadreur etc. J'ai même rencontré quelqu'un qui était chargé de concevoir la scène artistique alternative d'Abou Dabi.

Tout cela est, je dois dire, fascinant.

Il me semble que d'autres pays envisagent des variantes de ce phénomène ailleurs dans le Moyen-Orient, en Afrique du Nord et en Asie Occidentale. Dans le Golfe

Arabique, les efforts du Qatar en ce sens ont été dévoilés par l'ouverture du musée
des arts islamiques conçu par I. M. Pei en novembre 2008. Bien entendu, peu d'état
au monde ont les ressources d'Abou Dabi ou du Qatar. Néanmoins, l'investissement
d'Abou Dabi dans la culture et les arts a des résonances multiples qui doivent encore
se cristalliser.

II.

Lors de l'ouverture d'un nouveau musée d'art moderne et/ou contemporain dans une ville
arabe, un fier habitant local se précipite sur les lieux mais se rend compte qu'il ne peut
pas franchir l'entrée. Est-ce parce que les malfrats qui protègent la dynastie régnante
(qui assistent à l'événement en masse avec leurs nouveaux amis célèbres, occidentaux
et orientaux, pour faire montre de leur bienveillance et de leur sensibilité raffinée, avec
dans leur sillage, les futurs dirigeants en pleine puberté) lui bloquent l'accès ? Non.
Est-ce parce qu'il porte des vêtements décontractés alors qu'une tenue correcte est
exigée ? Non. Il a simplement l'impression que s'il entrait, il « se heurterait sans doute
à un mur ». À l'instant même, il se retourne vers la foule empressée et crie : « Arrêtez.
N'entrez pas. Faites attention. » En l'espace de quelques secondes, il est retiré du site,
durement battu et envoyé dans un hôpital psychiatrique.

J'ai le sentiment qu'un événement comme celui-ci se produira entre 2014 et 2024
à Beyrouth et/ou Amman et/ou Abou Dabi et/ou Doha et/ou ailleurs dans la région.
On pourra même lire dans les journaux du lendemain le titre suivant : « Un déséquilibré
perturbe l'ouverture : il affirme que le monde est plat ». Par conséquent, on aura perturbé
une ouverture dans le monde à plus d'un titre.

1   Jalal Toufic, « The Withdrawal of Tradition Past a Surpassing Disaster », in Walid Raad and Jalal
Toufic, *Scratching on Things I Could Disavow: A History of Modern and Contemporary Art in the Arab
World / Part 1_Volume 1_Chapter 1 (Beirut: 1992–2005)* (Los Angeles: California Institute of the Arts/
REDCAT, 2009)

2   Ibid. p.58.

3   Walid Raad, *Volume 1: The Truth Will Be Known When The Last Witness Is Dead: Documents in the
Fakhouri File in The Atlas Group Archive* (Cologne: Verlag der Buchhandlung Walther König, 2004).

4   Inutile de préciser qu'il y a toujours des limites à ce avec quoi un artiste peut « travailler » durant une
exposition, et cette attitude qui consiste à traiter l'exposition comme une installation dans son
ensemble demeure pour moi non réalisée.

5   Jalal Toufic, *Undeserving Lebanon, 2007.* PDF disponible sur http://www.jalaltoufic.com/publications.htm

6   Jalal Toufic, « Transit Visa to the Labyrinth! », in *(Vampires): An Uneasy Essay on the Undead in Film*,
édition revue et augmentée (Sausalito, CA: The Post-Apollo Press, 2003), p.86.

7   Le fait que les chiites duodécimains disent « Chaque jour est Achoura, chaque terre est Kerbala »
devrait sous-entendre que l'événement de l' « Achoura à Kerbala » ne devrait pas être restreint aux
chiites. De nombreuses plaintes, implorations et invocations chiites lors de l'Achoura devraient
influencer la musique, le théâtre, la littérature et la philosophie des autres libanais et arabes, ainsi que
le monde en général. Le fait que cela n'ait pas encore eu lieu est un symptôme regrettable du
préjudice qui perdure à l'encontre des chiites.

8   Ce souvenir, qui porte sur un événement vieux de plus de mille ans, est peut-être en partie un moyen
d'oublier la guerre civile qui prenait fin il y a seulement quinze ans.

9   Il est important de noter que Jalal Toufic a beaucoup écrit sur les artistes et les œuvres libanais, dans
presque tous ces livres. Certains de ces livres sont téléchargeables au format PDF sur son site : http://
www.jalaltoufic.com

The Atlas Group (1989–2004)[1]

1   *The Atlas Group* est un projet que Walid Raad a mené de 1989 à 2004, visant à explorer et documenter
    l'histoire contemporaine du Liban, et en particulier les guerres de 1975 à 1990. Raad a découvert et réalisé
    des documents audio, vidéo et littéraires qui éclairent cette histoire. Les documents ont été conservés
    dans *The Atlas Group Archive*, un fond d'archives basé à Beyrouth et New York, qui s'organise selon trois
    catégories : la [cat. A] renvoie aux documents attribués à des particuliers, la [cat. FD] aux documents attribués
    à des particuliers anonymes ou à des institutions, et la [cat. AGP] aux documents attribués à *The Atlas Group*
    lui-même.

File Type

cat. A

cat. FD

cat. AGP

File Title	File Contents	Document Title
Fakhouri	notebooks	Notebook volume 38: Already been in a lake of fire
		Notebook volume 57: Livre d'or
		Notebook volume 72: Missing Lebanese wars
	films	No, illness is neither here nor there
		Miraculous beginnings
	photographs	Civilizationally, we do not dig holes to bury ourselves
Mrad	photographs	I might die before I get a rifle
Bachar	videotapes	Hostage: The Bachar tapes (English version)_#17 and 31
Hassan	photographs	"Oh God," he said, talking to a tree
	mixed media	I was overcome with a momentary panic at the thought that they might be right
Raad	photographs	We decided to let them say "we are convinced" twice
	photographs	Let's be honest, the weather helped
Secrets	photographs	Secrets in the open sea
Operator #17	videotapes	I only wish that I could weep
Fair People	photographs	We are fair people. We never speak well of one another
	photographs	Everyone knows that I am not used to shooting apples
Sweet Talk	photographs	The Hilwé commissions (1992-2004)
Thin Neck	photographs	My neck is thinner than a hair: Engines
	videotapes	We can make rain but no one came to ask

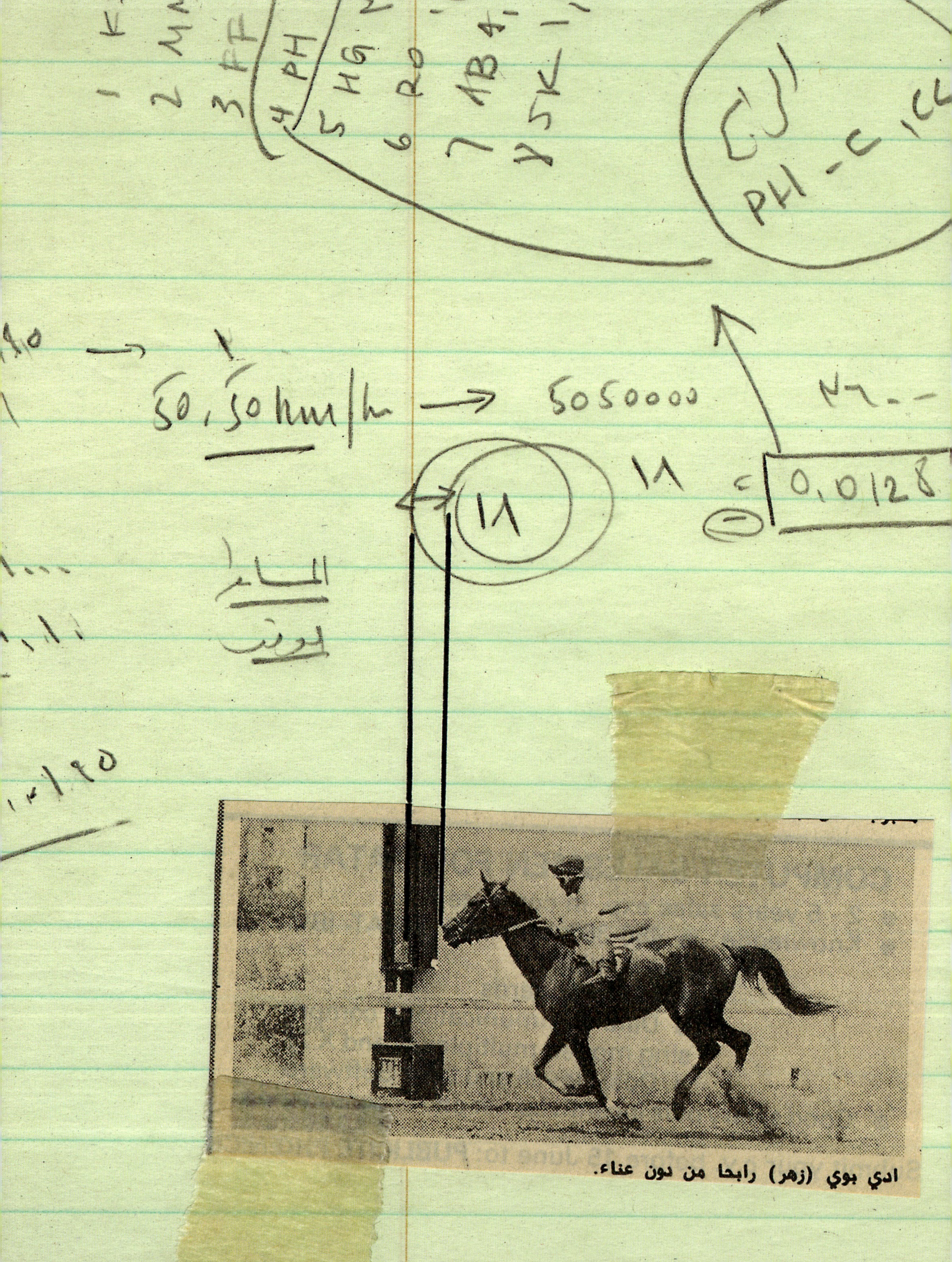

ادي بوي (زهر) رابحا من دون عناء.

Notebook volume 72: Missing Lebanese wars. Le fait que les principaux historiens des guerres libanaises étaient d'avides joueurs est peu connu. On raconte qu'ils se retrouvaient tous les dimanches au champ de course – les marxistes et les islamistes pariaient sur les pistes une à sept ; les nationalistes maronites et les socialistes sur les pistes huit à quinze.

Durant toutes ces courses, les historiens se tenaient derrière le photographe officiel, chargé de prendre l'image du cheval gagnant lorsqu'il franchirait la ligne d'arrivée. On raconte aussi qu'ils persuadèrent le photographe (ou lui graissèrent la patte, disent certains) de ne prendre qu'une seule photo de l'arrivée du cheval. Chaque historien misait sur le moment exact – le nombre de fractions de seconde précédant ou suivant le franchissement de la ligne d'arrivée – où le photographe exposerait sa pellicule.

Chacune des pages de carnet suivantes montre une photographie découpée, extraite du quotidien *An-Nahar* daté du jour suivant la course. Elles présentent les notes du Dr. Fakhouri sur la longueur et la durée de la course, le temps et le cheval gagnants, le calcul des moyennes, les initiales des historiens avec leurs paris respectifs, l'écart de temps prédit par l'historien victorieux. Chaque page comporte également un bref paragraphe en anglais. La veuve du Dr. Fakouri, Zainab Fakhouri, les attribue à l'habitude qu'avait son mari d'inclure une courte description des historiens gagnants à ses carnets.

What mattered to her most was to avoid
anything that might be reminiscent of empathy

Distance Between Horse and Finish Line:

-17

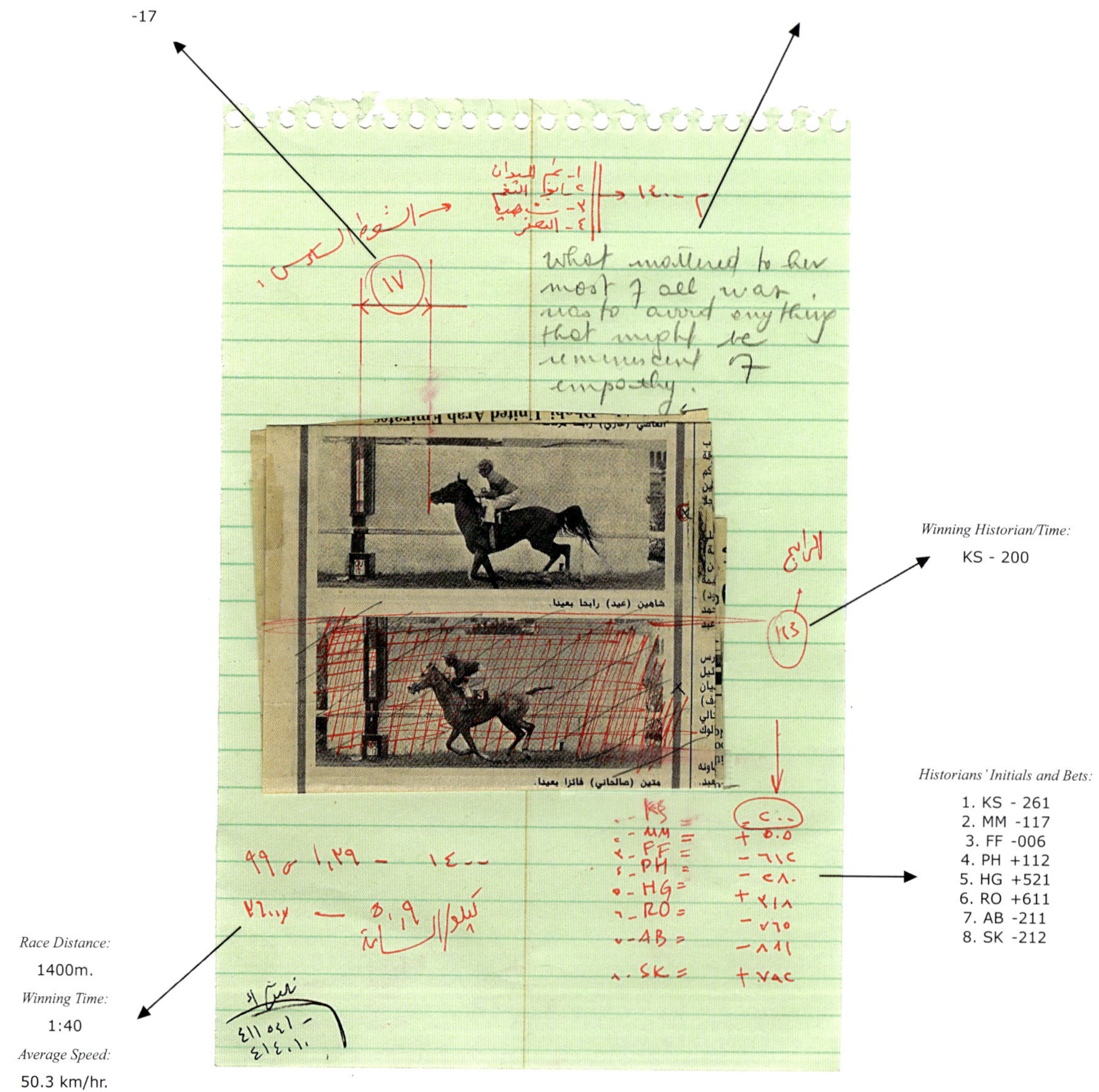

Winning Historian/Time:

KS - 200

Historians' Initials and Bets:

1. KS - 261
2. MM -117
3. FF -006
4. PH +112
5. HG +521
6. RO +611
7. AB -211
8. SK -212

Race Distance:

1400m.

Winning Time:

1:40

Average Speed:

50.3 km/hr.

Date:

11 August 1979

Race Distance:

1600 m.

Winning Time:

1:56

Average Speed:

51 km/hr.

Historians' Initials and Bets:

1. KS +118
2. MM -117
3. FF   -300
4. PH +218
5. HG -500
6. RO -636
7. AB +123
8. SK +210

*Distance Between Horse
and Finish Line:*

-128

Winning Historian/Time:

RO - 062

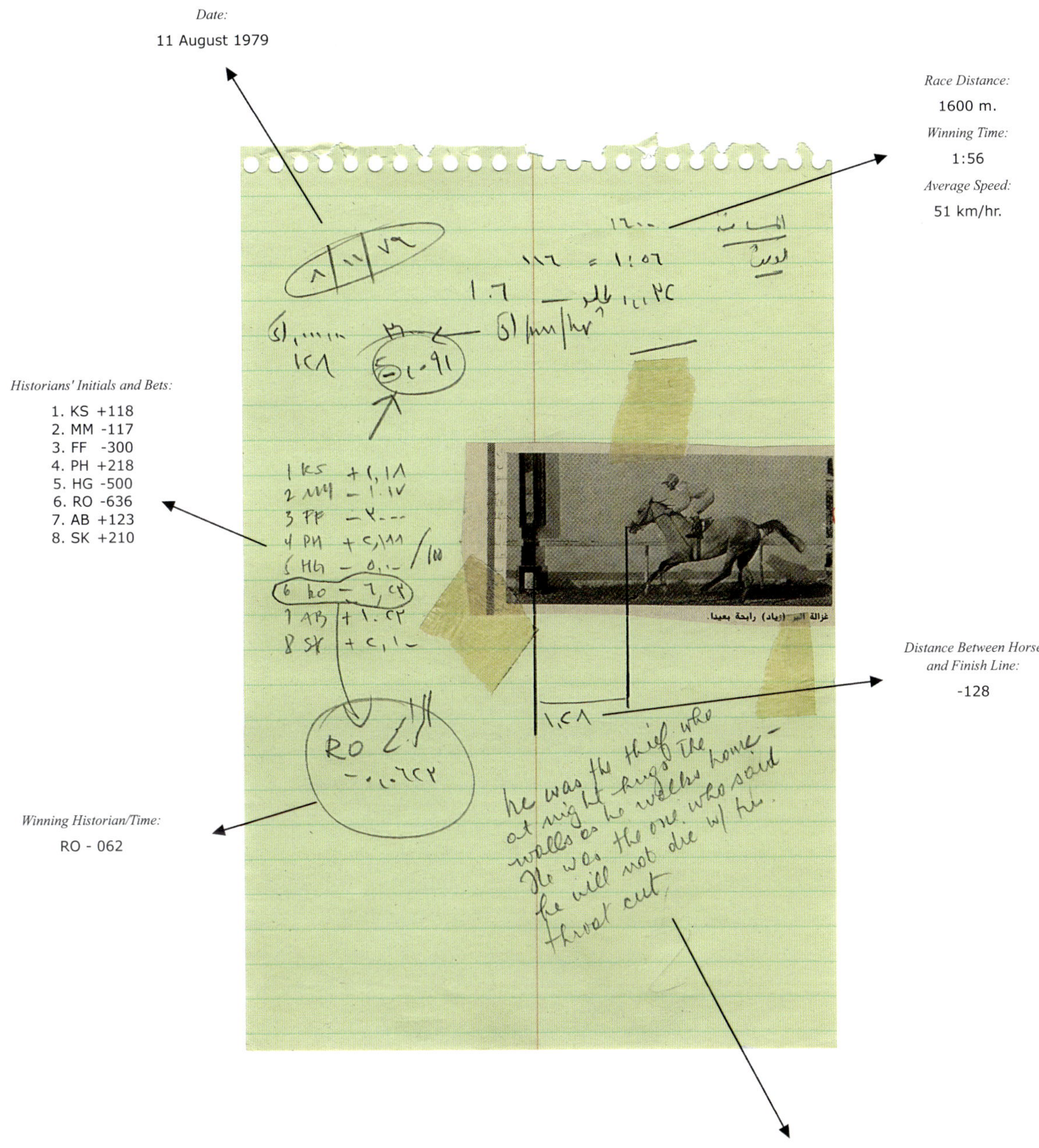

Description of the Winning Historian:

He was the thief who at night hugs the walls
as he walks home. He was the one who said
he will not die with his throat cut

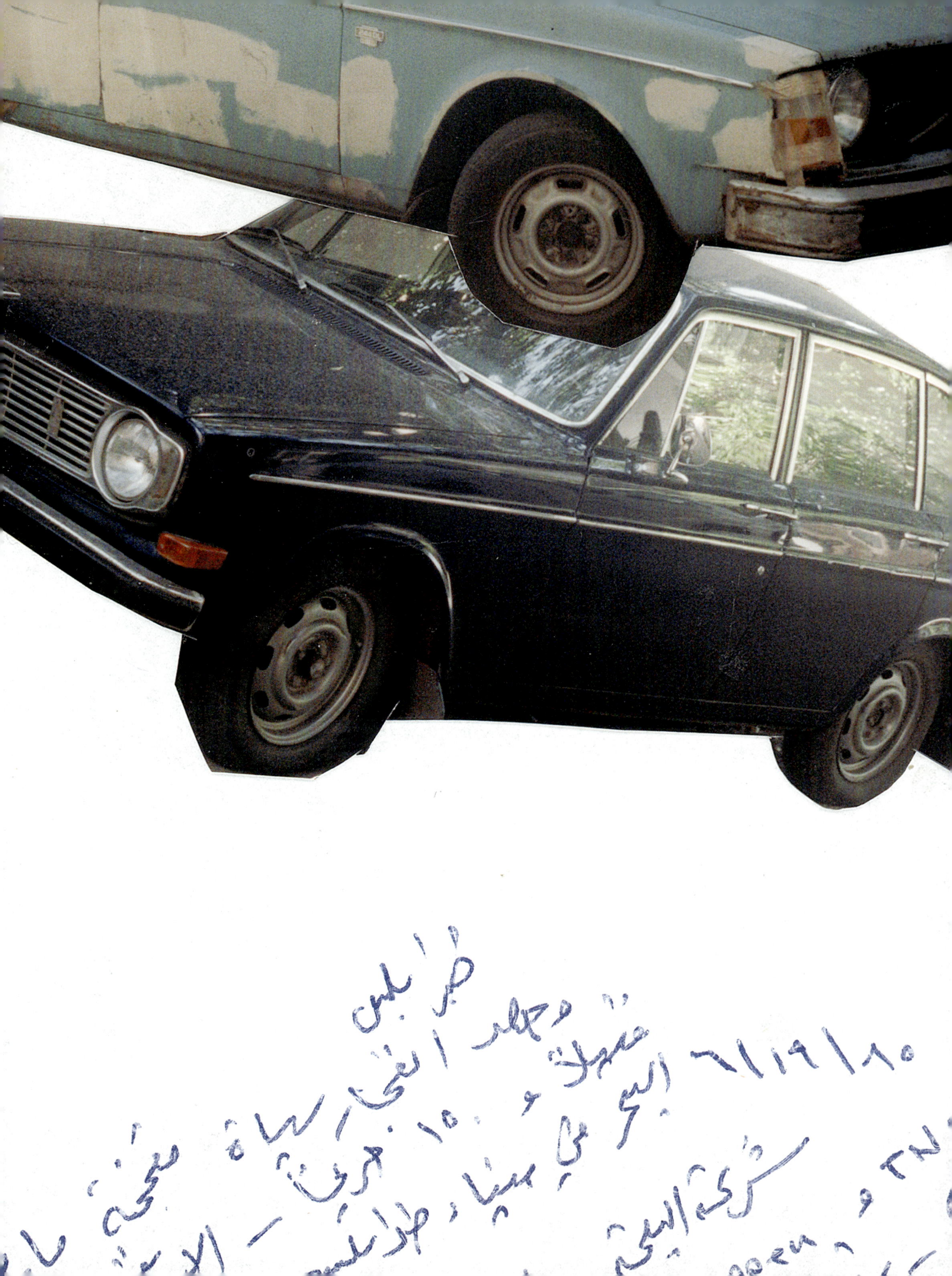

١٩٨١/٩/١٥

Notebook volume 38: Already been in a lake of fire. Ce carnet contient 145 photographies découpées de voitures. Elles correspondent à la marque, au modèle et à la couleur exactes de toutes les voitures utilisées dans des attentats à la voiture piégée entre 1975 et 1991.

Chacune des pages de carnet suivantes montre la photographie découpée d'une voiture qui correspond à la marque, au modèle et à la couleur d'une voiture utilisée dans un attentat à la voiture piégée, ainsi que des textes écrits en arabe détaillant le lieu, l'heure et la date de l'explosion, le nombre de victimes, le périmètre de la destruction, le numéro du moteur et d'essieu de la voiture, le poids et le type d'explosifs utilisés.

Plate 57

Volvo
B20 or B30
Blue
June 19, 1985
21:09
Corniche of the sea, Tripoli
79 Killed
150 injured
150 kg. of TNT
Hexogen

№ 57

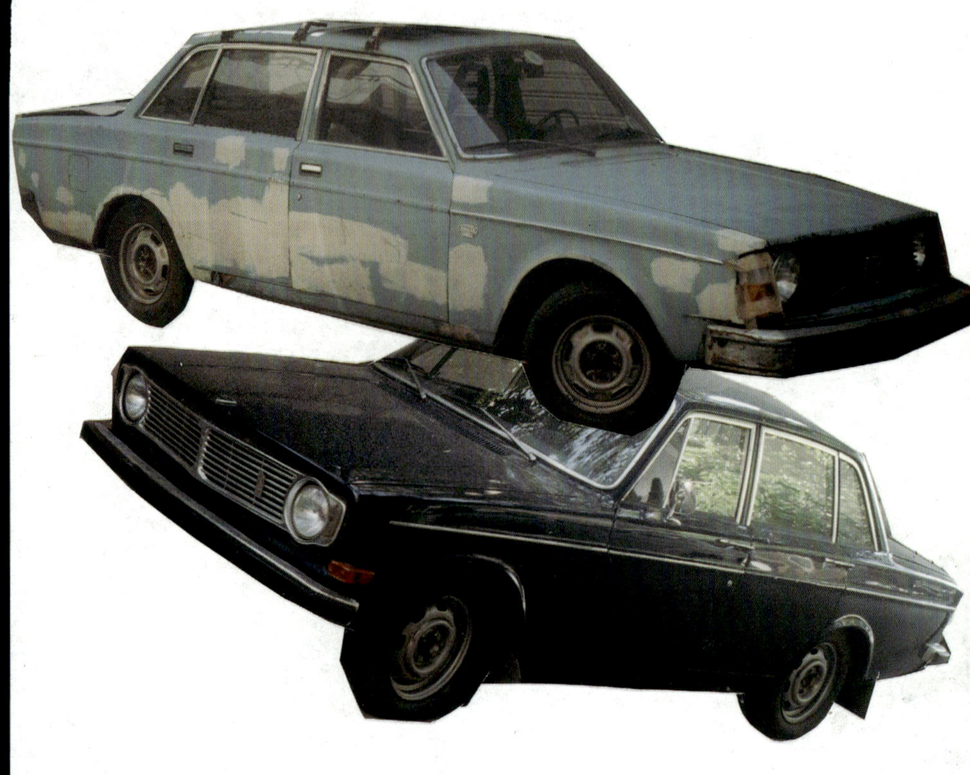

14.8.85
نظراً امس ١٢ قبل و ١،٩ ظهري من
النهار سيارة مفخخة بـ ١٥٠ كيلو من
مادة TNT محل تحتشد تار نقطاً من
همي السريانا في سد البوشرويتي
٢٠٠ ـ ١١ وعند الجسير رنة العبوة
بـ ١٥٠ كيلو من مادة TNT
كامنت موضوعة في سيارة من
نوع مرسيدس ١١ ـ تكشفت المصادر
عن رقم لوحتها دهيكلها وحركها
لهذا السيارة بسبب العبوة وقعت
صفحة السيارة و صندوقها

Mercedes
200
Beige
August 14, 1985
10:30
Beirut, Mar Takla
13 killed
109 injured
150 kg. of TNT

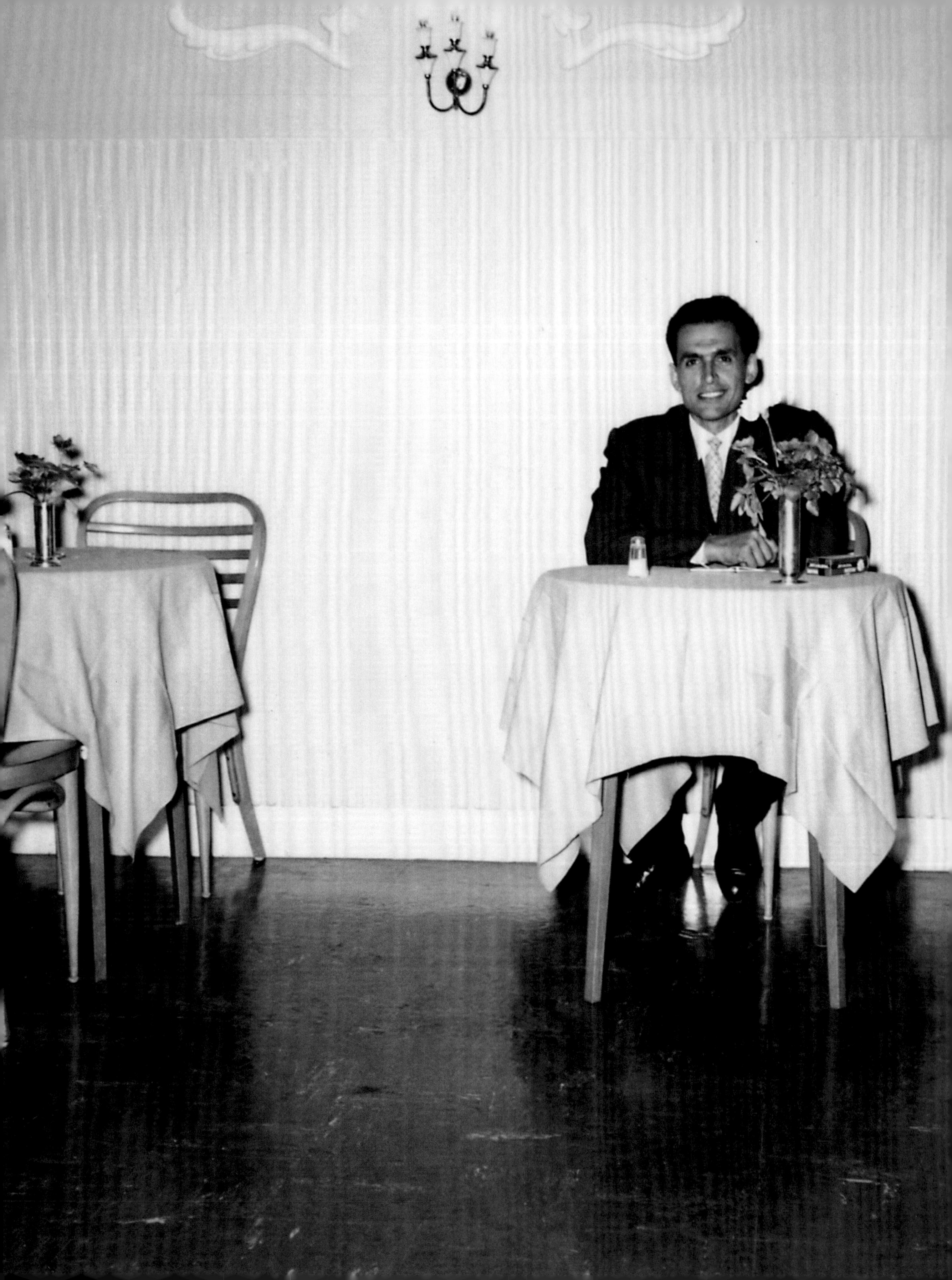

Civilizationally, we do not dig holes to bury ourselves.
Les seules photographies disponibles du Dr. Fakhouri sont
vingt-quatre autoportraits en noir et blanc, qui furent découverts
dans une petite enveloppe de papier kraft intitulée *Civilizationally,
we do not dig holes to bury ourselves*. L'historien réalisa ces
photographies en 1958 et 1959 pendant son seul et unique
voyage hors du Liban, à Paris et à Rome.

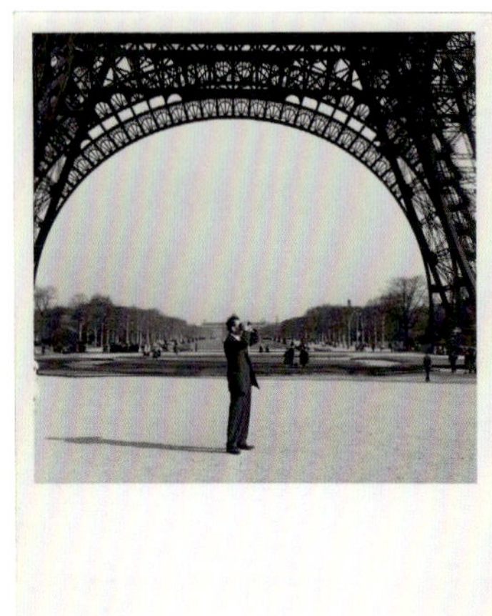
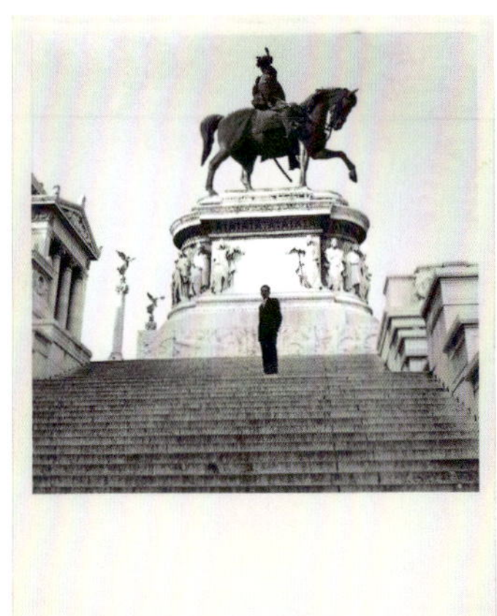
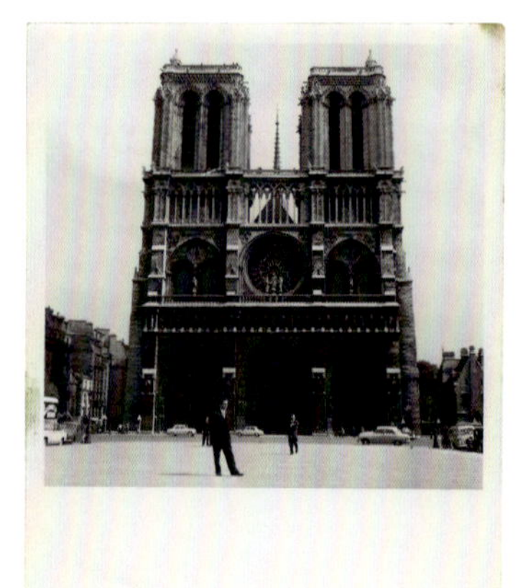
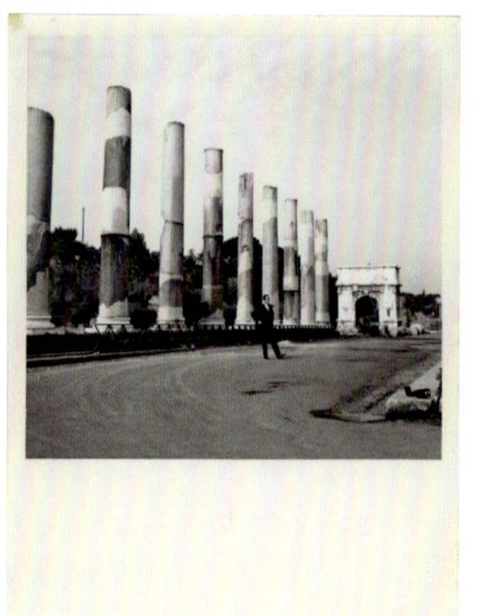
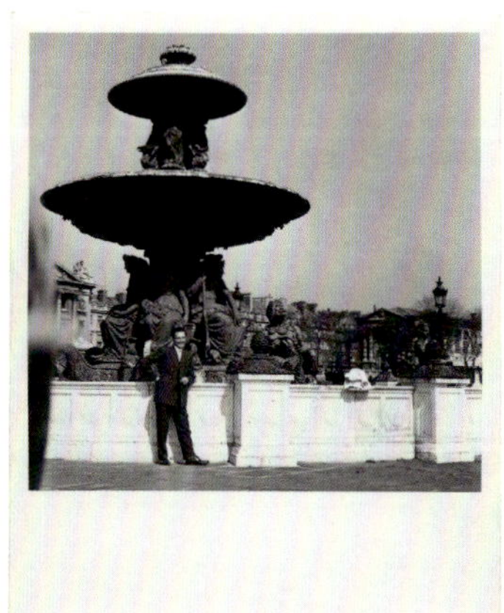
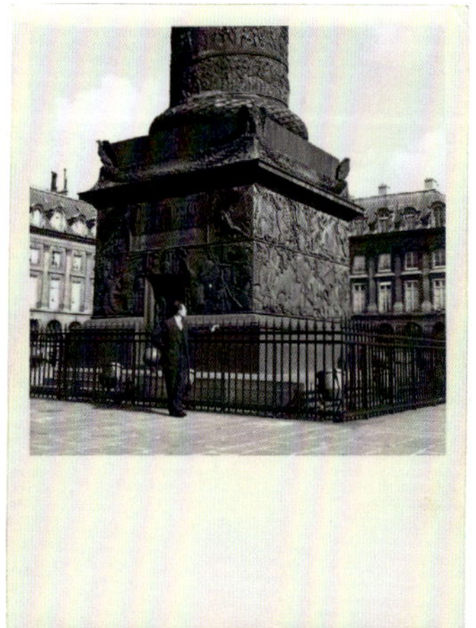
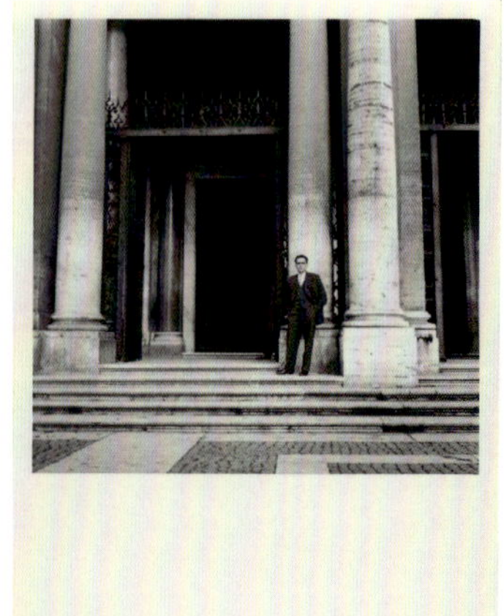
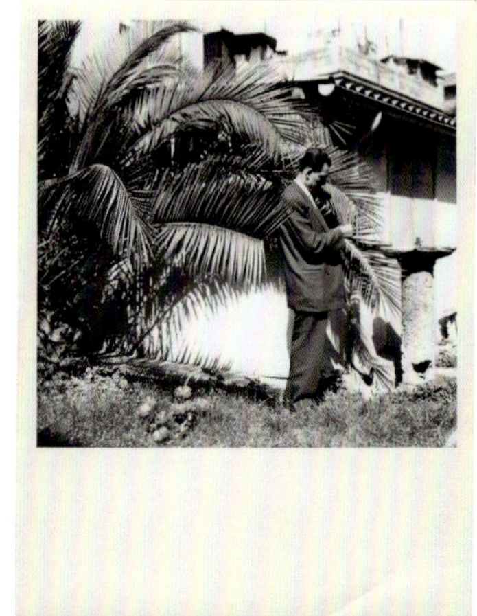
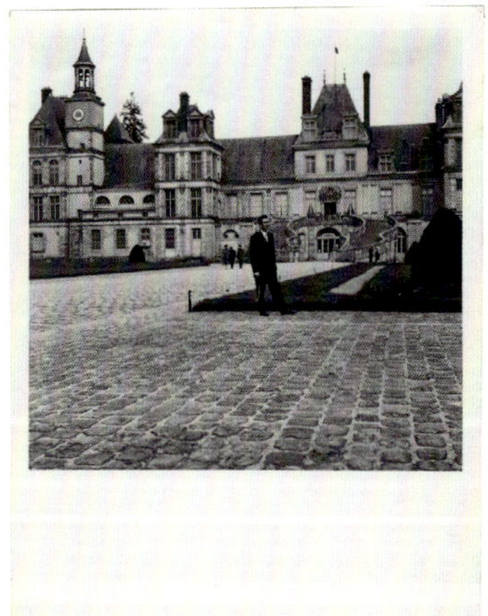
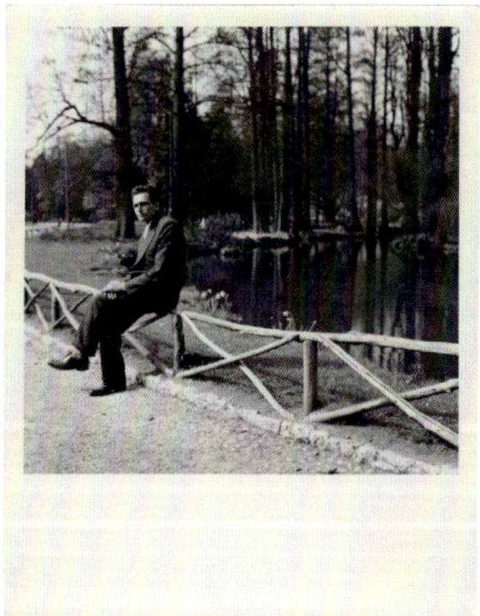
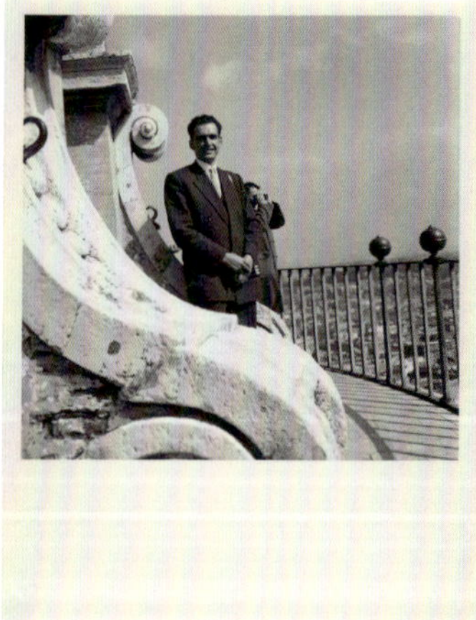
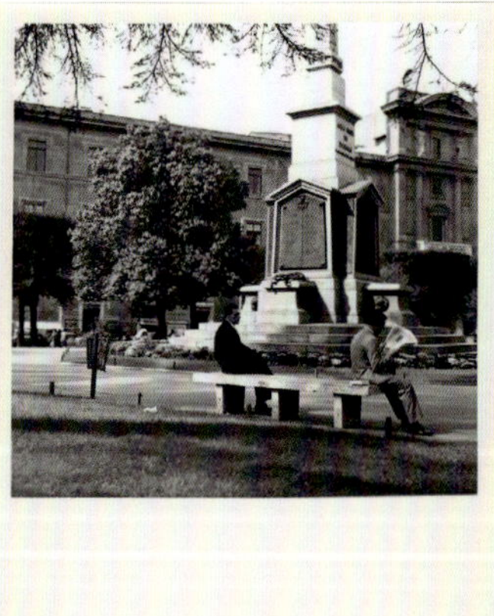

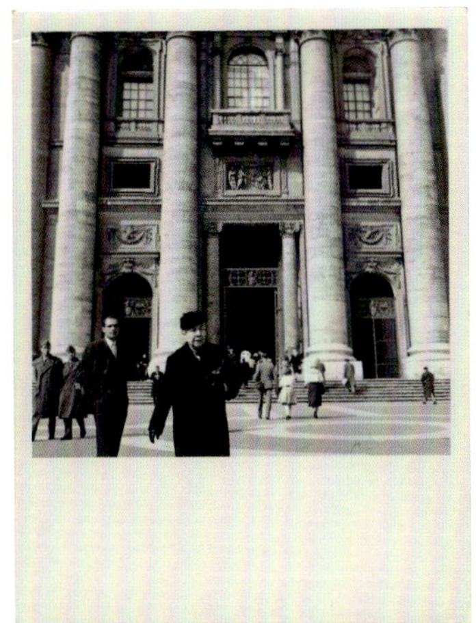
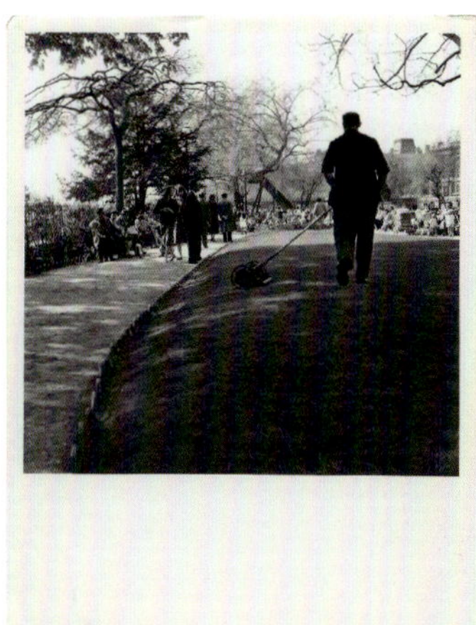
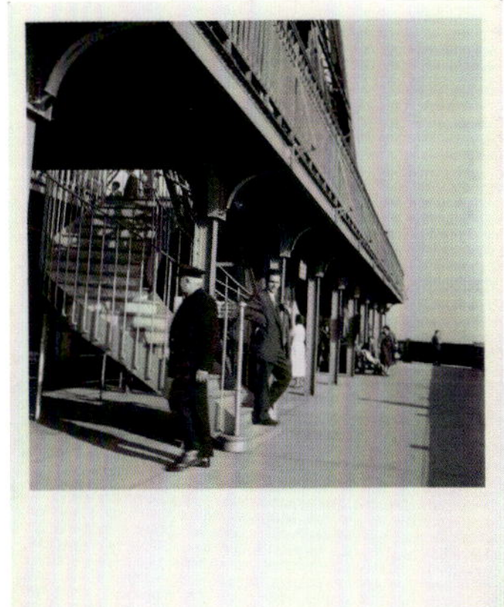
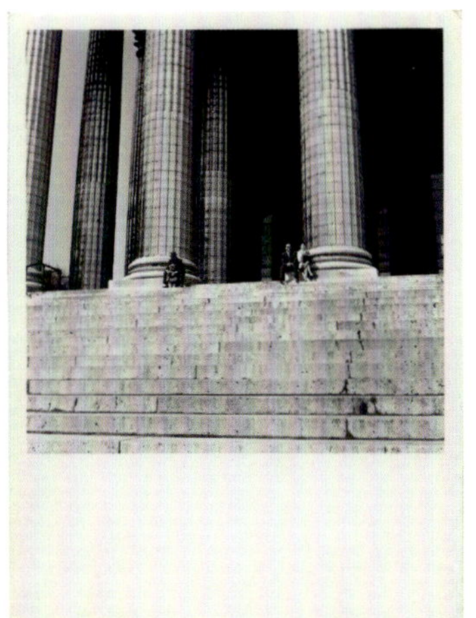
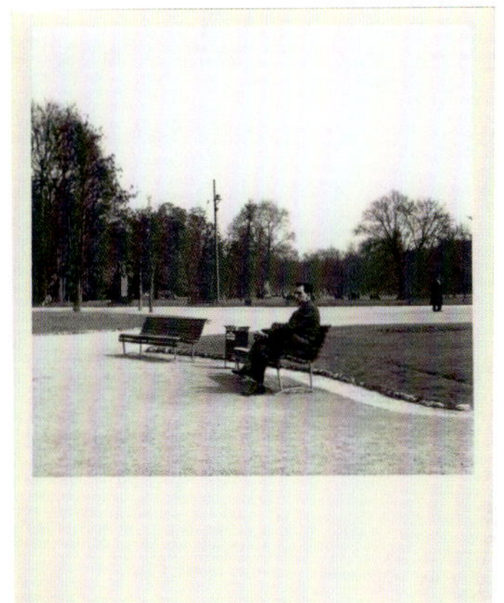
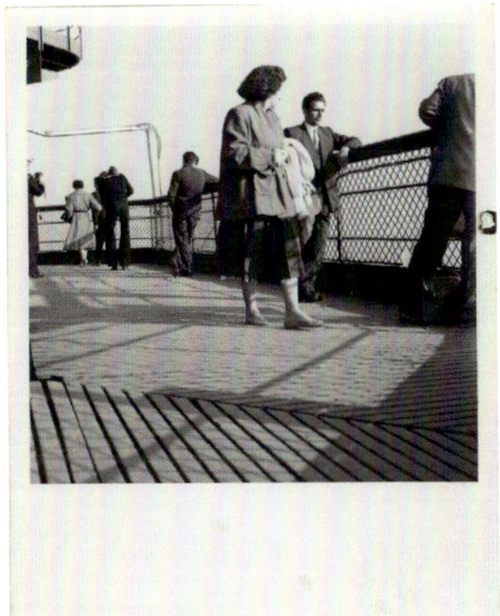
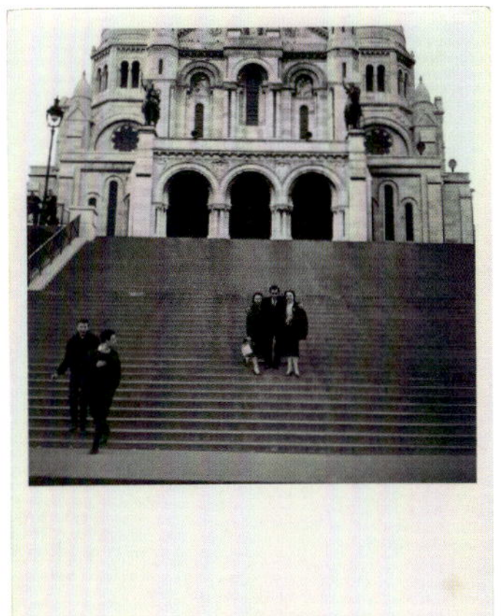
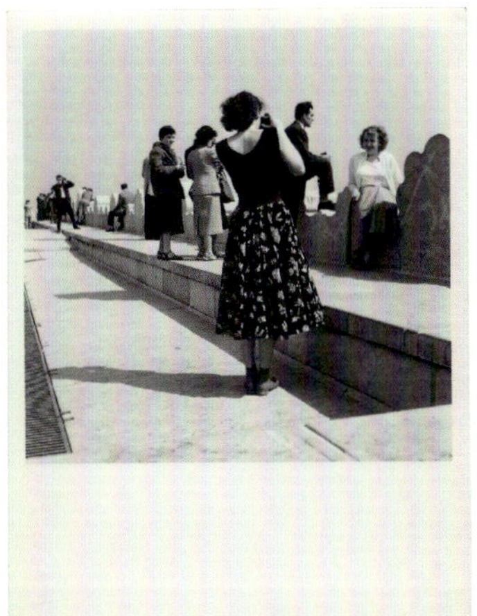
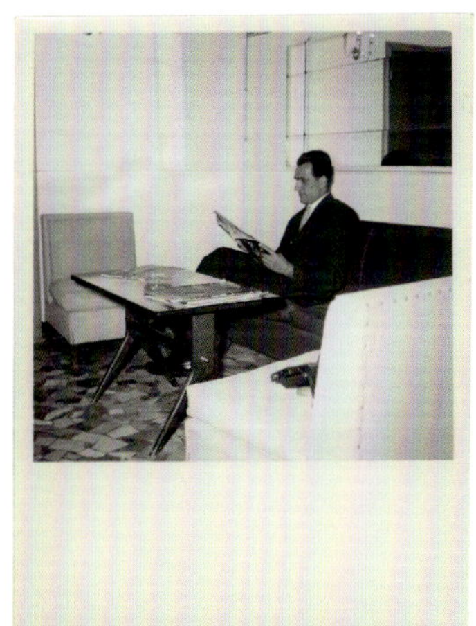
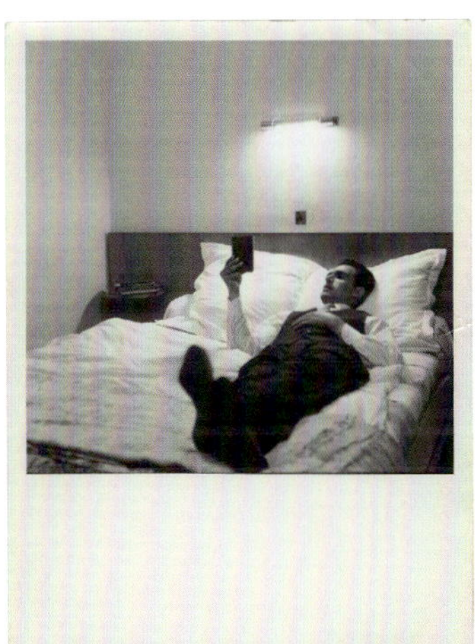
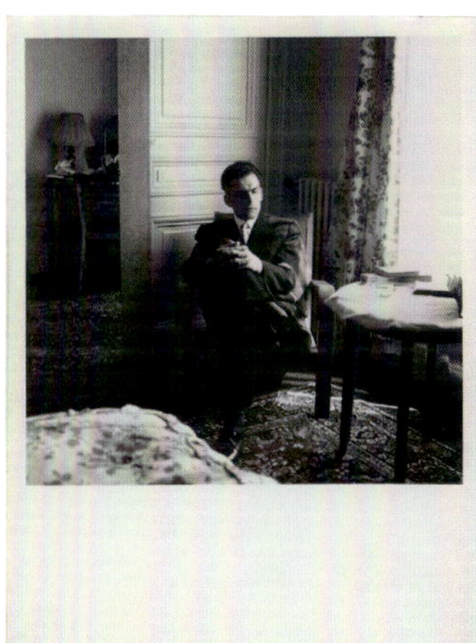
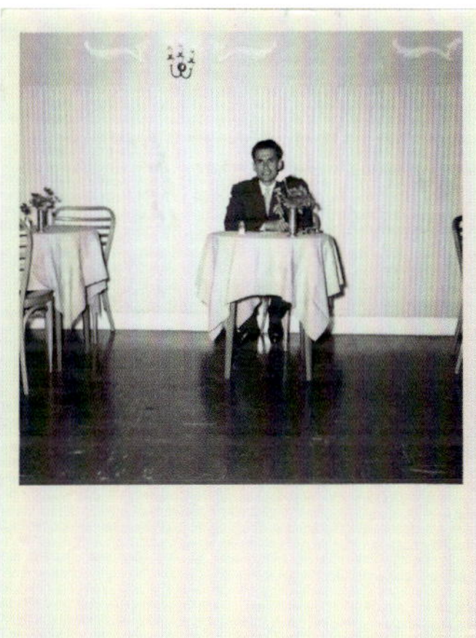

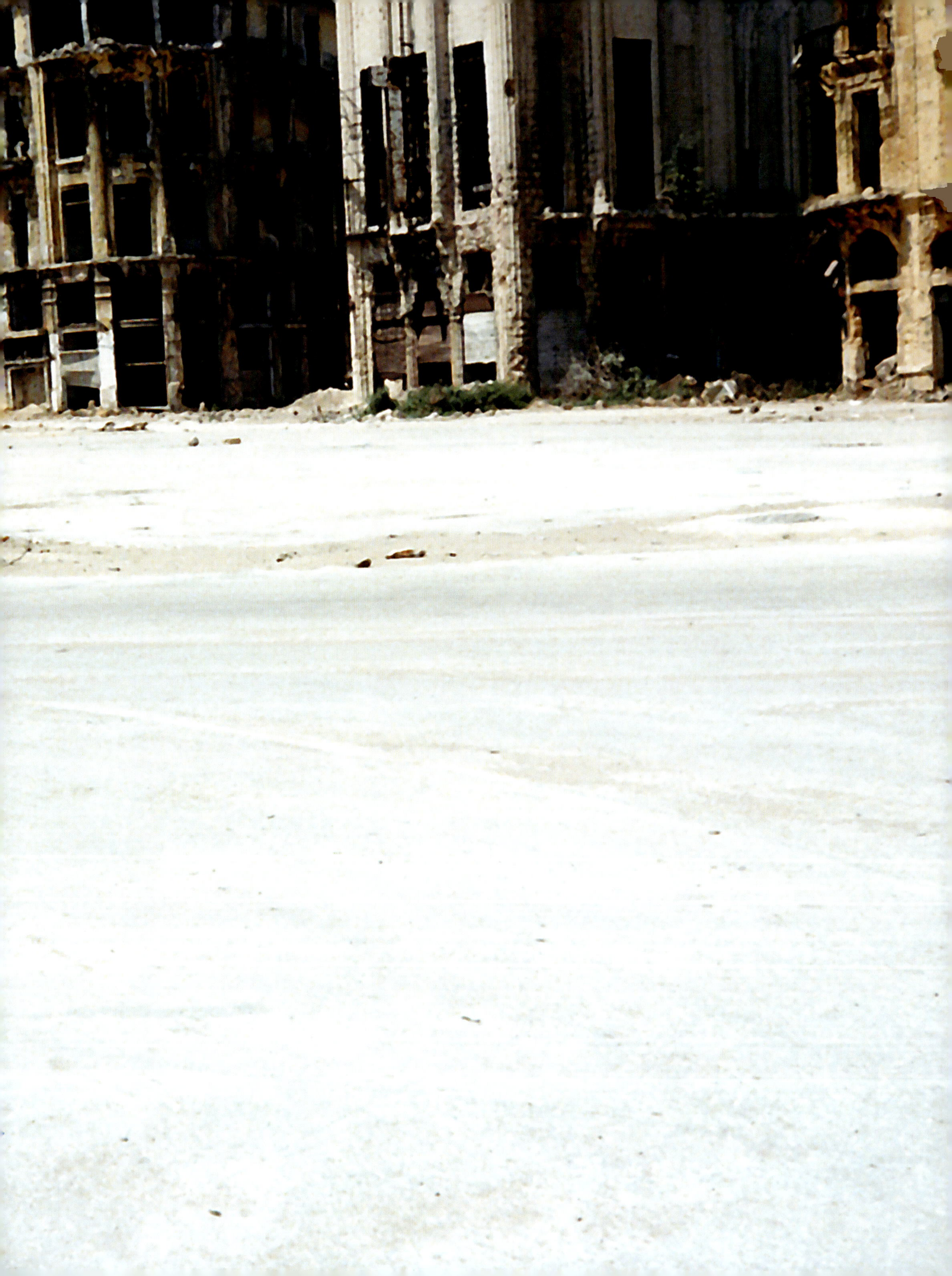

Miraculous beginnings *et* **No, illness is neither here nor there**.
Dr. Fakhouri emmenait deux caméras Super 8 partout où il
allait. Sur une caméra, il exposait une image chaque fois qu'il
pensait que les guerres du Liban se terminaient. Sur l'autre,
il exposait une image chaque fois qu'il passait devant la plaque
d'un cabinet de médecin ou de dentiste. Il intitula les deux
films *Miraculous beginnings* et *No, illness is neither here nor there.*

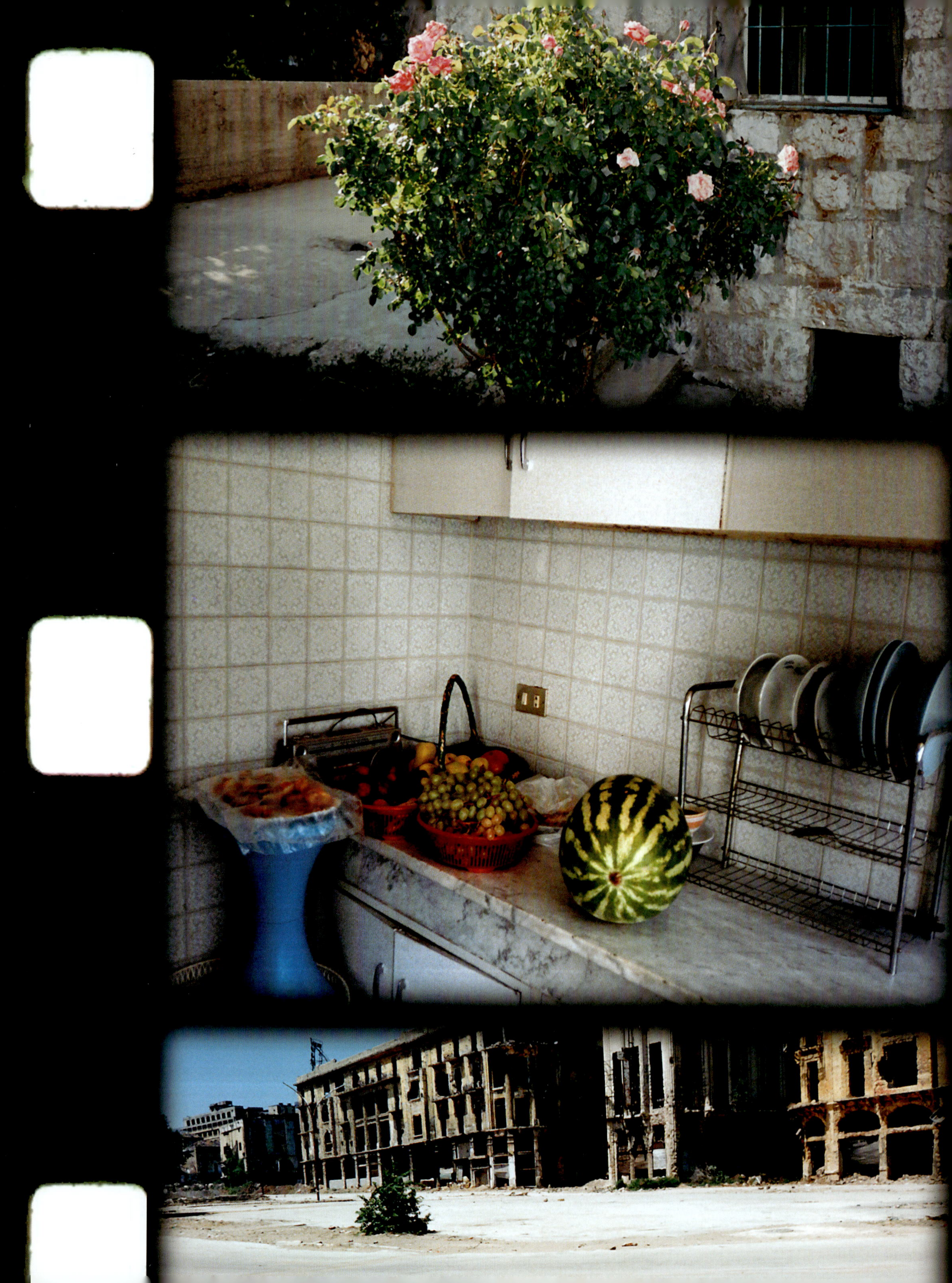

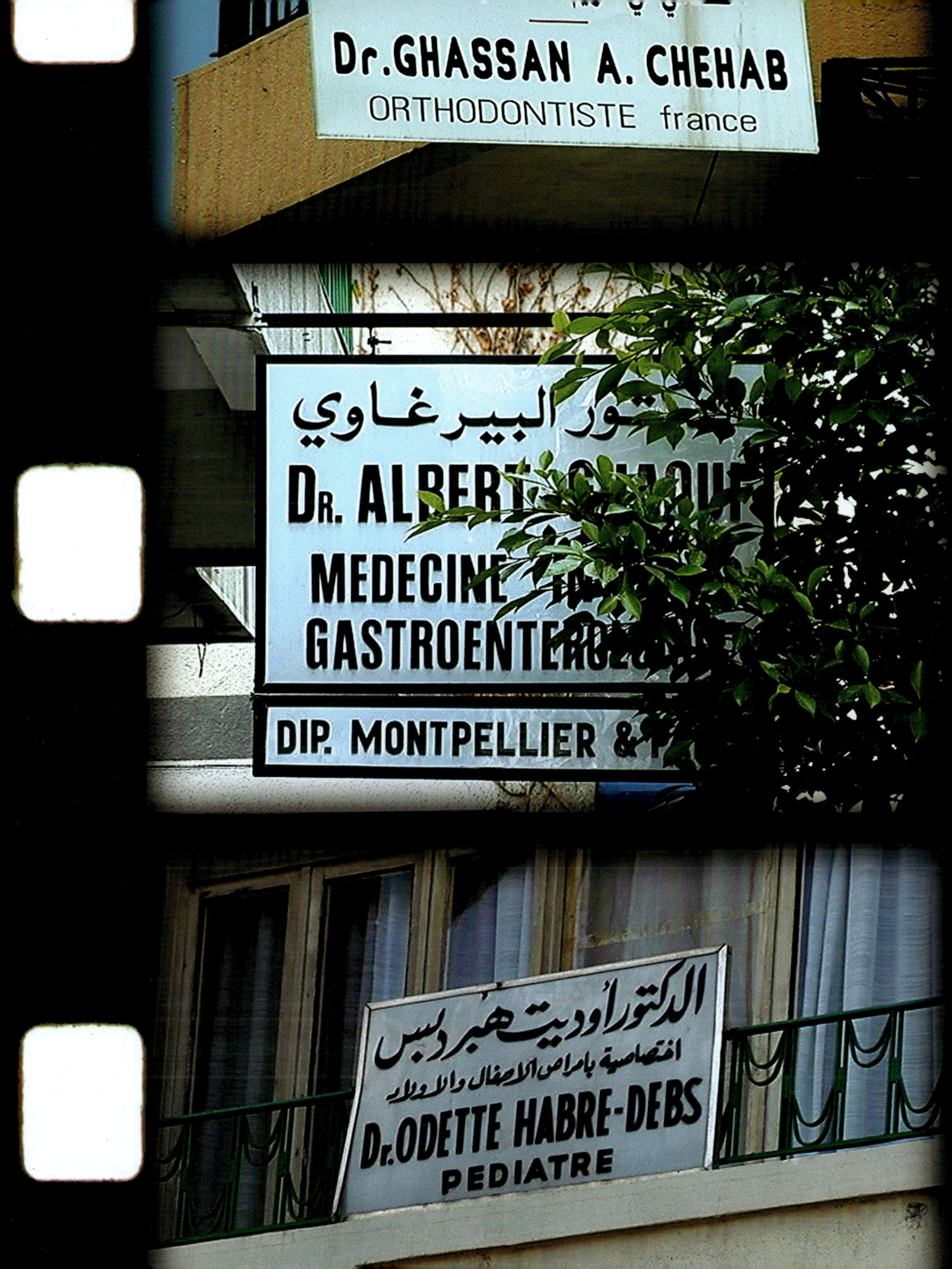

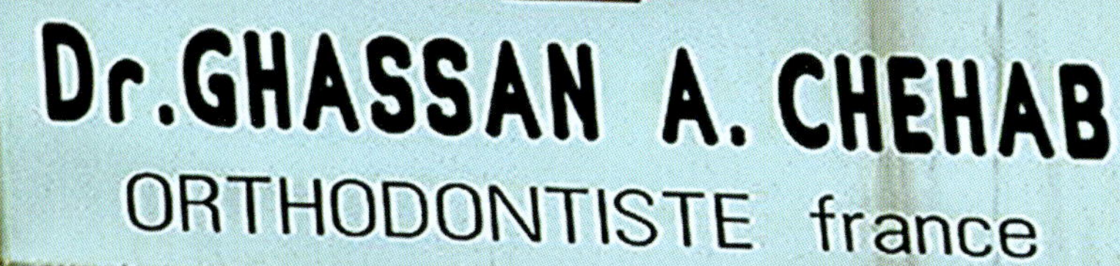

Dr.GHASSAN A. CHEHAB
ORTHODONTISTE france

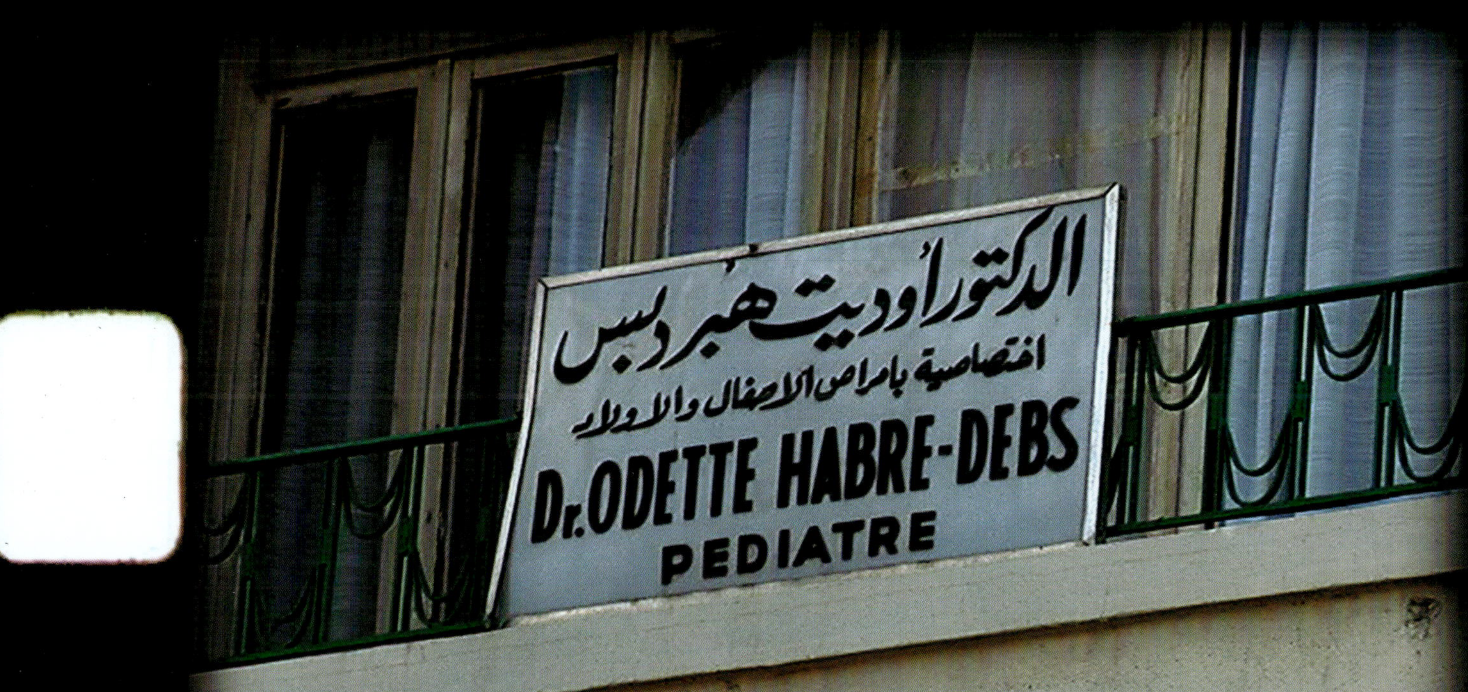

دكتور البيرغاوي
Dr. ALBERT GHAOUI
MEDECINE
GASTROENTEROLOGIE
DIP. MONTPELLIER & PARIS
الدكتورأوديت هبر دبس
اختصاصية بامراض الاطفال والاحداء
Dr.ODETTE HABRE-DEBS
PEDIATRE

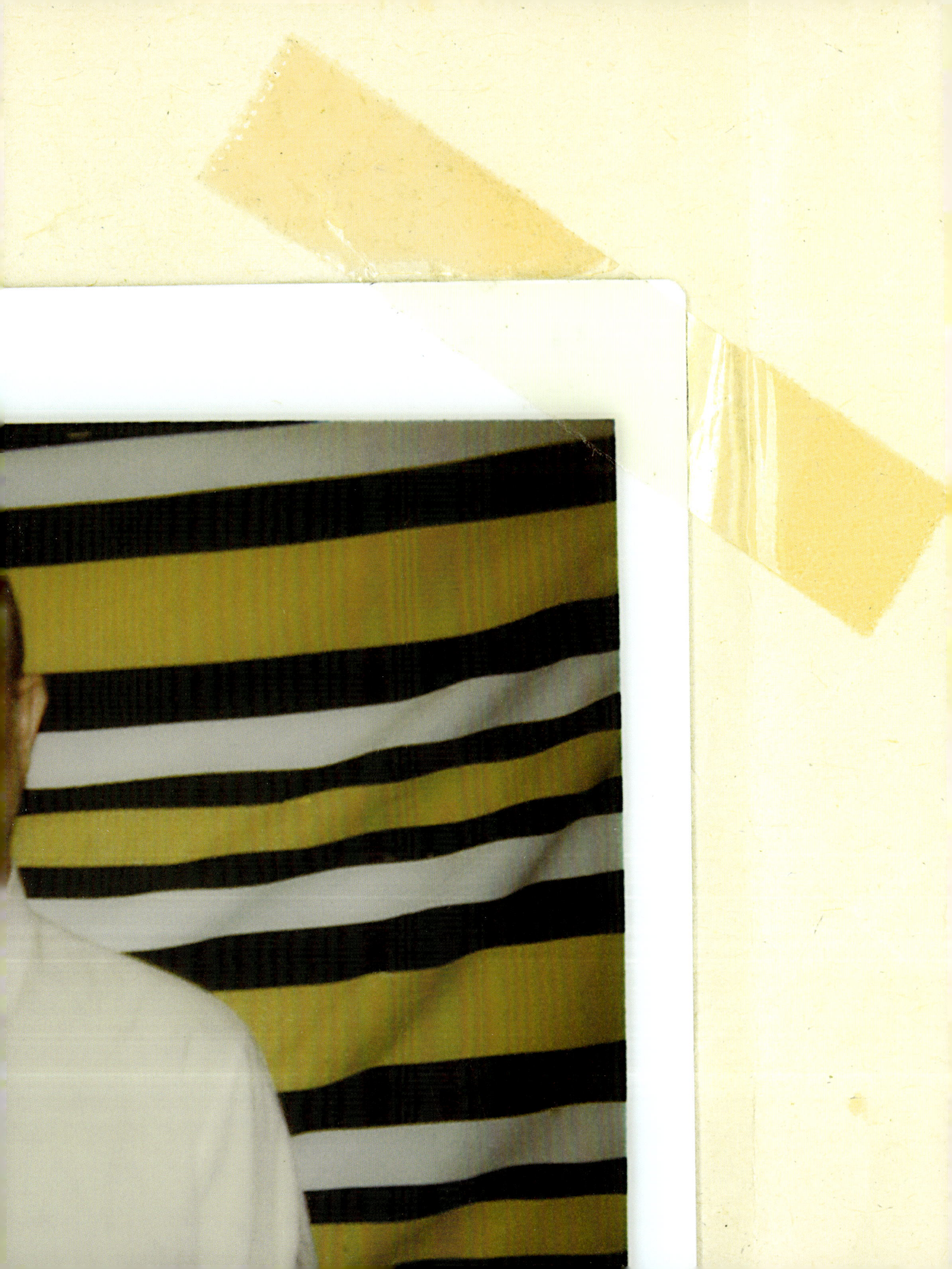

Hostage: The Bachar tapes (#17 and #31)_English version

est attribué à Souheil Bachar, et porte sur l'enlèvement et
la détention d'occidentaux comme Terry Anderson et Terry
Waite par des « militants islamiques », au Liban dans les années
1980 et 1990. Cet épisode détériora directement et indirectement
la vie politique et publique libanaise, américaine, française,
allemande et britannique, et précipita un certain nombre de
scandales impliquant des personnalités politiques en vue, tels
que l'affaire Iran-Contra aux Etats-Unis.

Dans *Hostage*, cette crise est examinée à travers le témoignage
de Souheil Bachar, retenu en otage au Liban de 1983 à 1993.
Le point marquant de sa captivité est sa cohabitation en
cellule avec cinq américains pendant trois mois en 1985 : Terry
Anderson, Thomas Sutherland, Benjamin Weir, Martin Jenco
et David Jacobsen.

En 2000, Souheil a collaboré avec *The Atlas Group* pour
réaliser cinqante-trois cassettes vidéo sur sa captivité. Les
cassettes 17 et 31 sont les seules que Souheil ait rendues
publiques hors du Liban. Dans ces cassettes, Bachar évoque
les aspects culturels, textuels et sexuels de sa détention avec
les américains.

0:59

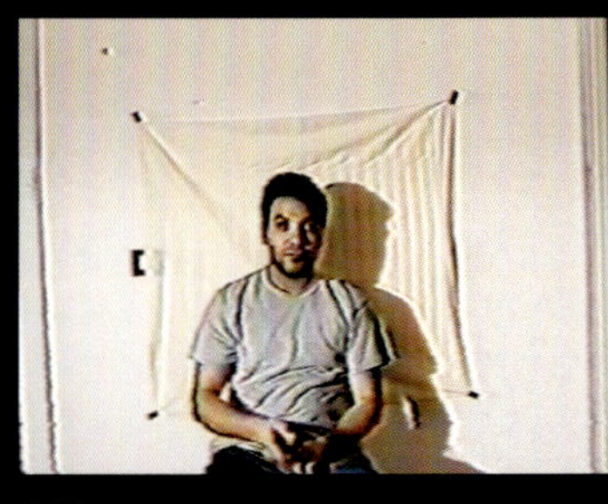
My name is Souheil Bachar.
I am 35 years old.
1:26

I was kidnapped in 1983.
I was released in 1993.
1:29

2:28

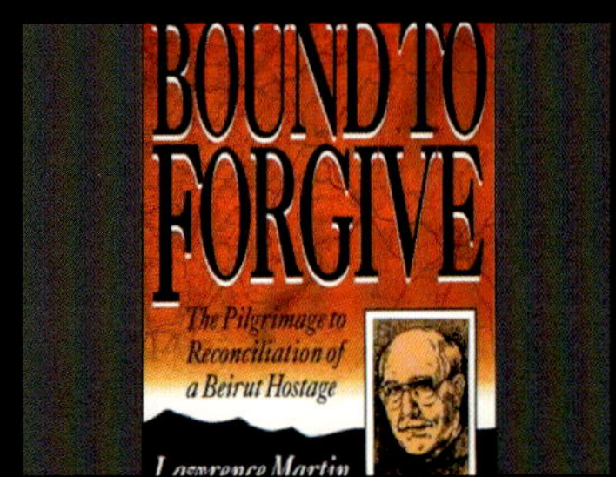
BOUND TO
FORGIVE
The Pilgrimage to
Reconciliation of
a Beirut Hostage
Lawrence Martin
4:41

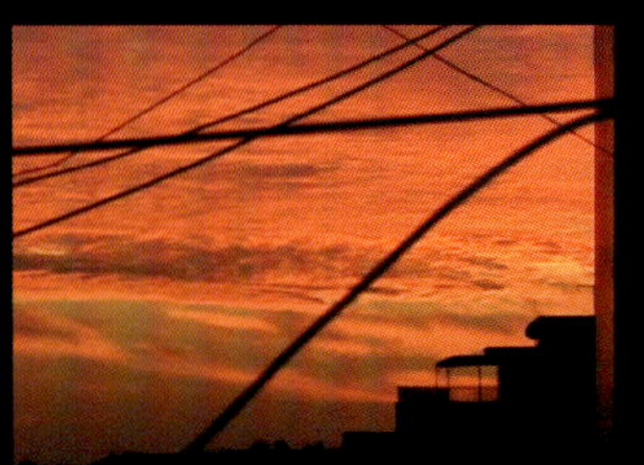
4:19

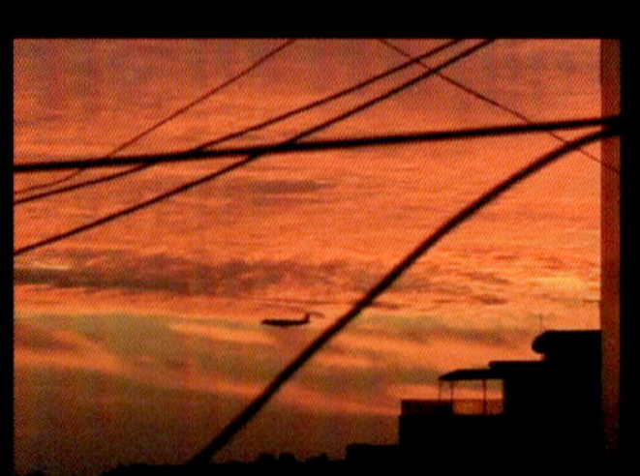
4:28

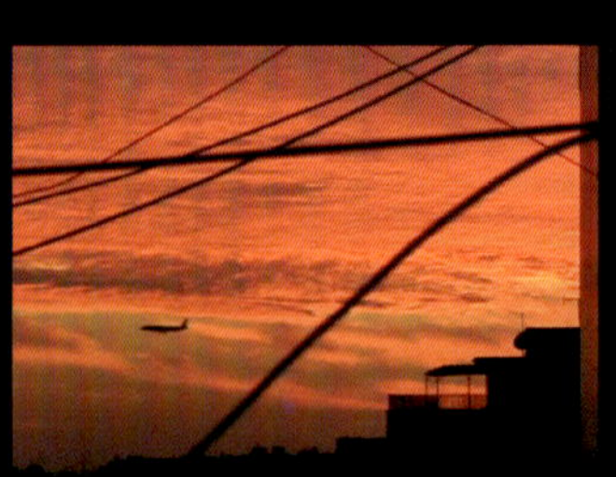
4:29

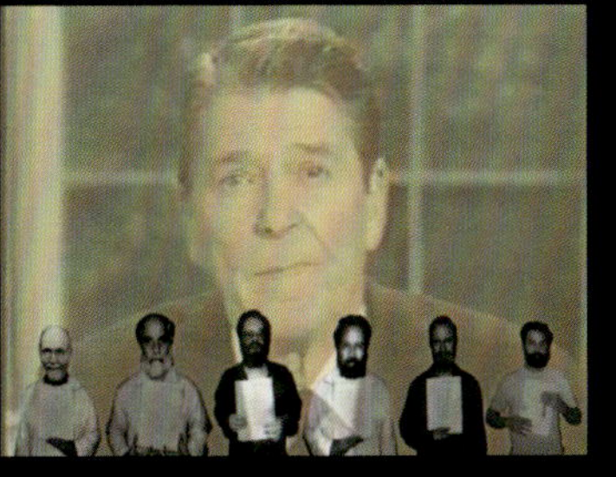

6:33

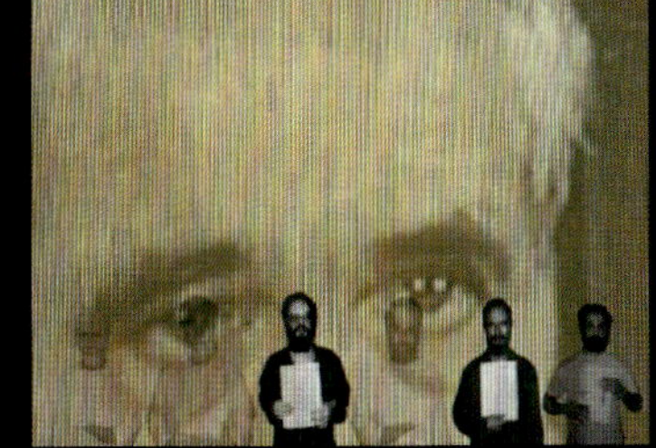

6:47

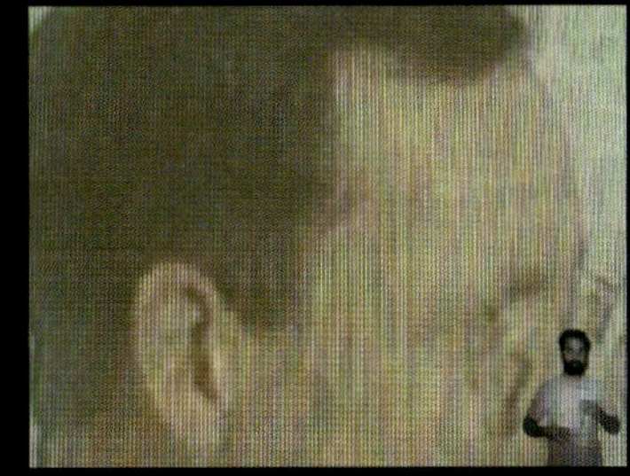

6:56

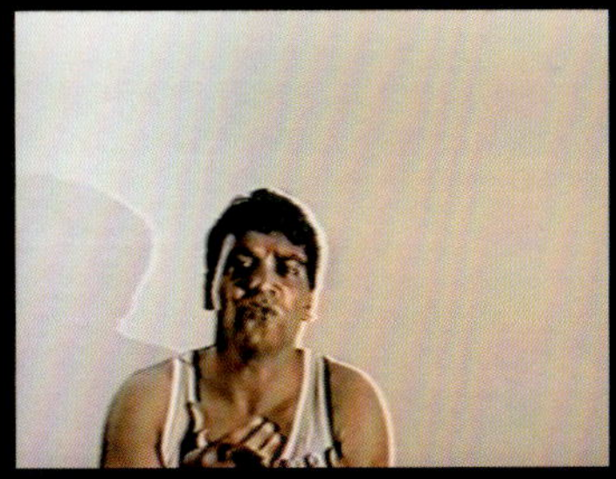

7:17

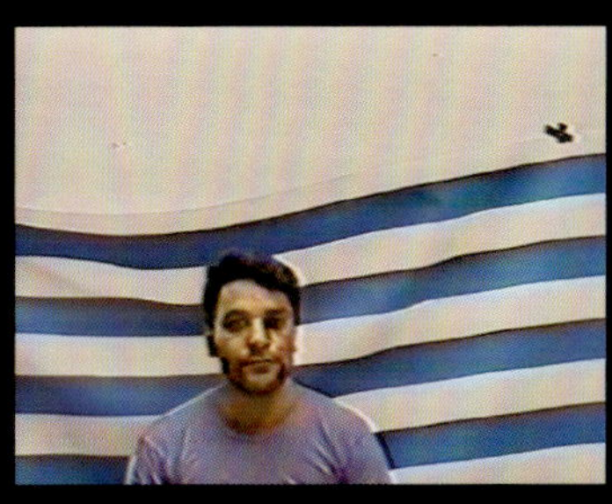

9:49

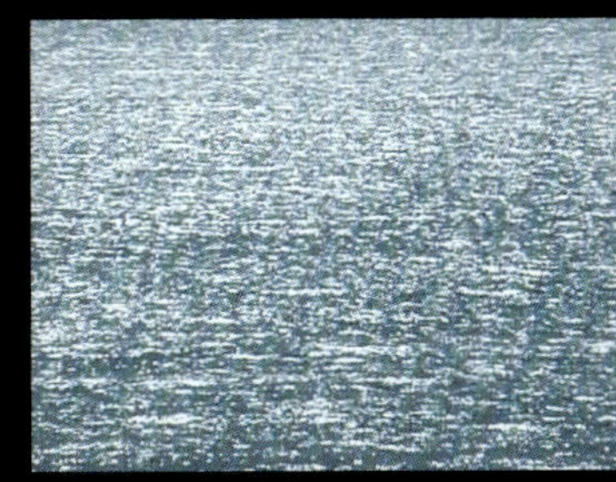

14:17

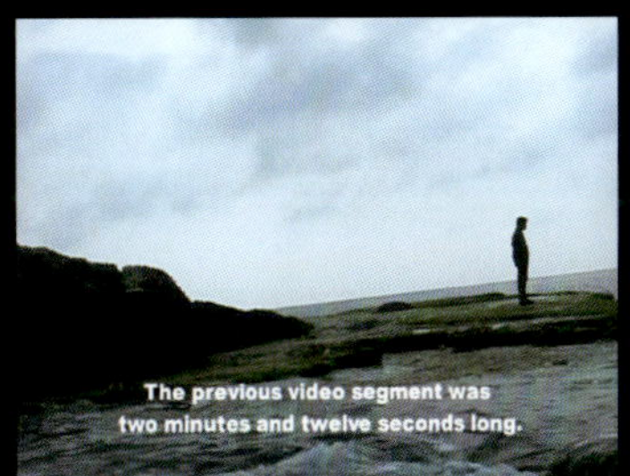

14:59

This is the average duration of all video
statements I recorded during my captivity.

15:09

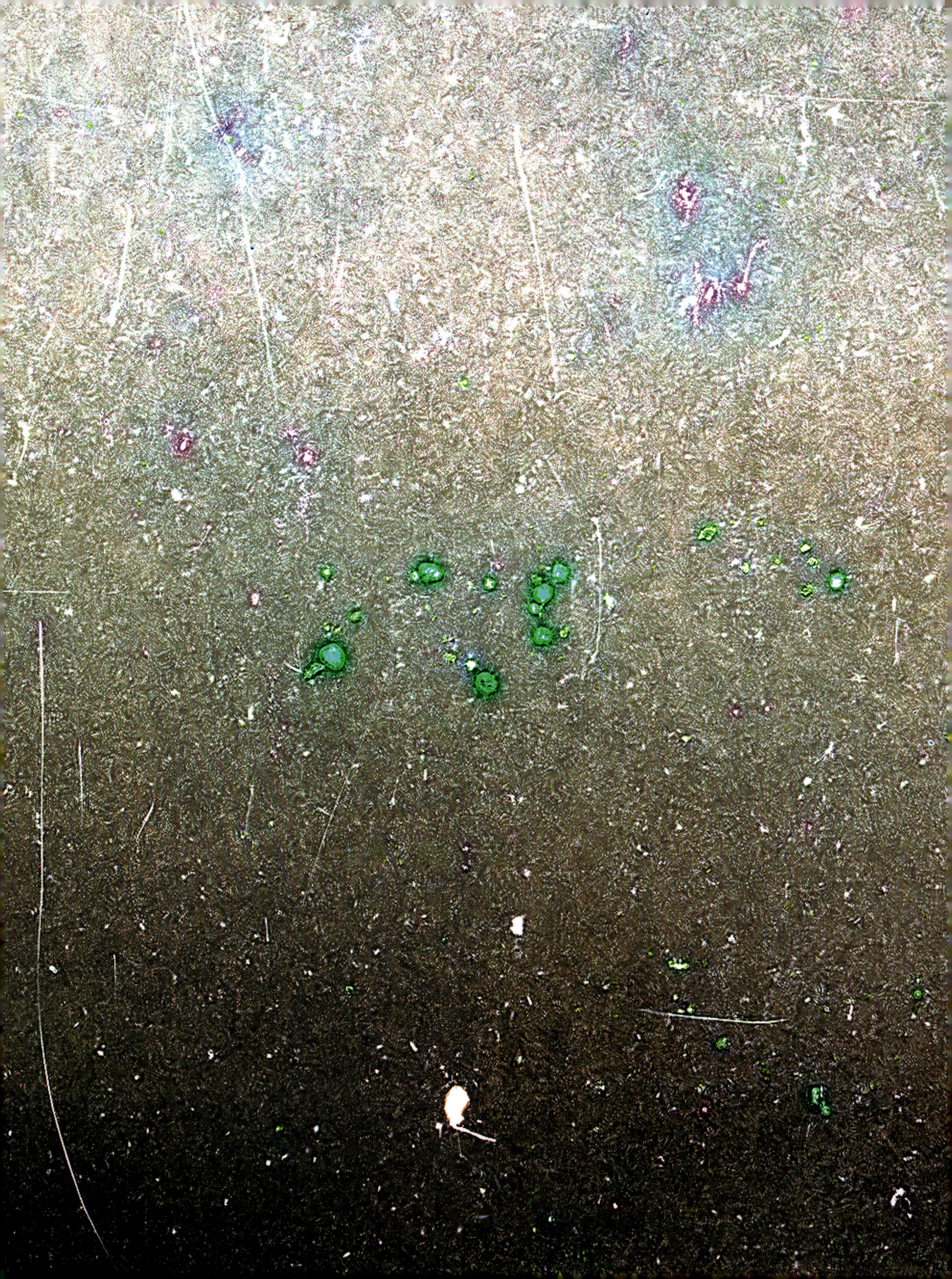

We decided to let them say, "we are convinced," twice. Les photographies suivantes sont attribuées à Walid Raad, qui en fit donation à *The Atlas Group* en 2002. Dans la déclaration qui accompagne la donation, Raad note :

« Durant l'été 1982, je me trouvais avec d'autres dans un parking en face de l'appartement de ma mère à Beyrouth Est, et j'observais les assauts israéliens aériens, terrestres et maritimes sur Beyrouth Ouest. L'OLP, avec ses alliés libanais et syriens, répliquait du mieux qu'il pouvait.

Beyrouth Est salua l'invasion, semble-t-il, et cela au moins est certain. Beyrouth Ouest résista, semble-t-il, et cela au moins est certain.

Un jour, ma mère m'accompagna même jusqu'aux collines qui entourent Beyrouth pour photographier l'armée d'invasion israélienne qui y était stationnée. Les soldats reposaient leur corps et leurs armes en attendant les prochains ordres d'attaque ou de retraite.

J'avais quinze ans en 1982 et je voulais m'approcher le plus possible des événements, aussi près que l'appareil photo que je venais d'acquérir me le permettait. Clairement pas assez.

L'année dernière, j'ai retrouvé par hasard les négatifs de cette époque soigneusement préservés. J'ai décidé de les regarder à nouveau. »

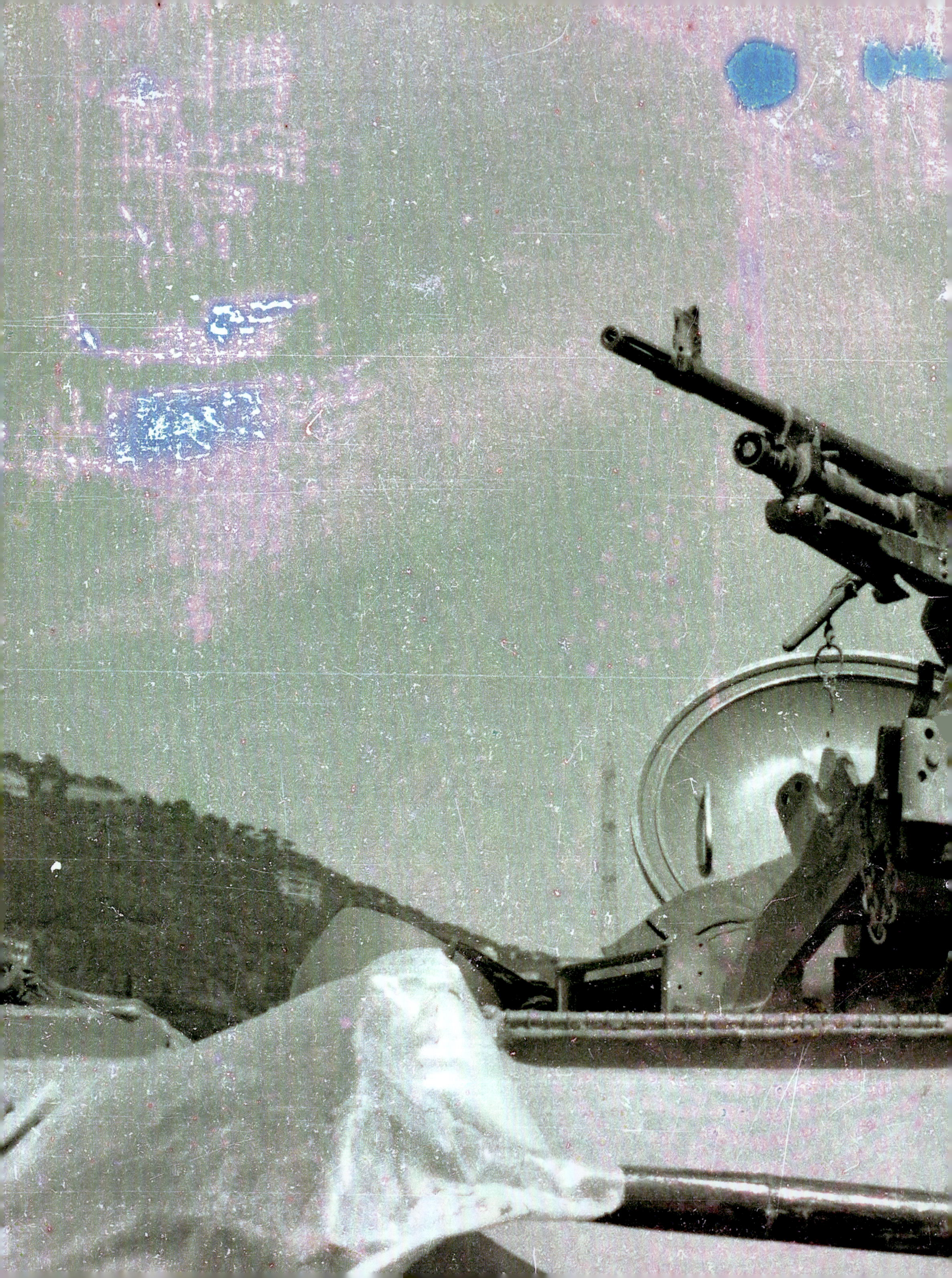

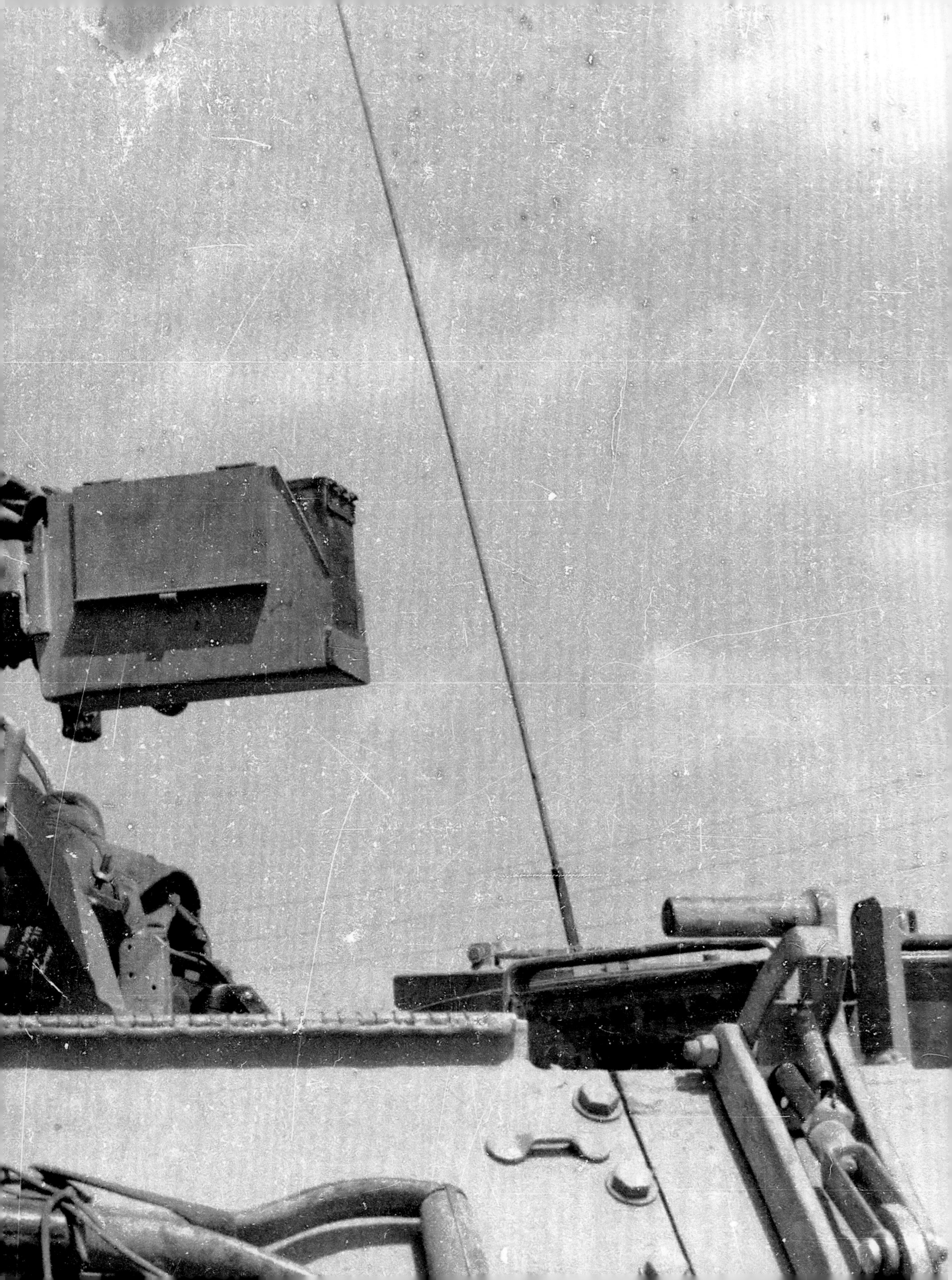

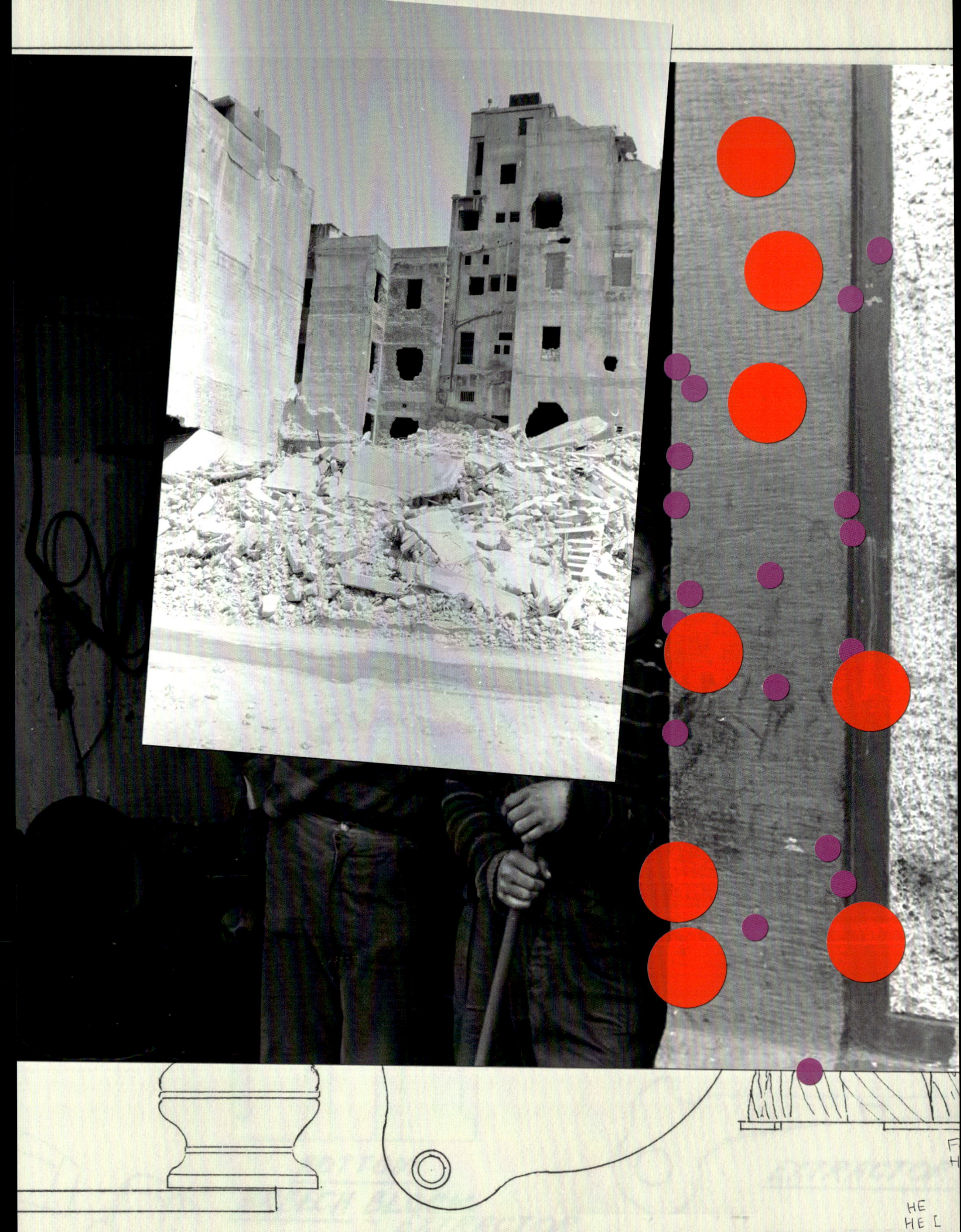
HE
HE L
AP-I

Let's be honest, the weather helped. Les planches suivantes sont attribuées à Walid Raad, qui en fit donation à *The Atlas Group* en 1998. Dans la déclaration qui accompagne la donation, Raad note :

« Comme beaucoup de gens autour de moi à la fin des années 1970, je collectionnais les balles et les éclats d'obus. Je me précipitais dans la rue après une nuit ou une journée de bombardements pour les enlever des murs, des voitures et des arbres. Je tenais des notes détaillées sur les lieux où je trouvais chaque balle et je photographiais le site de mes trouvailles, en couvrant les trous de pois correspondant au diamètre de la balle et aux teintes hypnotiques de leur pointe. Il m'a fallu dix ans pour comprendre que les fabricants d'armes utilisaient un code couleur distinctif pour marquer et identifier leurs cartouches et leurs obus. Et dix ans de plus pour m'apercevoir que mon carnet recense en partie dix-sept pays ou organisations qui continuent d'alimenter les diverses milices et armées qui se battent au Liban : la Belgique, la Chine, l'Egypte, la Finlande, l'Allemagne, la Grèce, l'Irak, Israël, l'Italie, la Libye, l'OTAN, la Roumanie, l'Arabie Saoudite, la Suisse, les États-Unis et le Venezuela. »

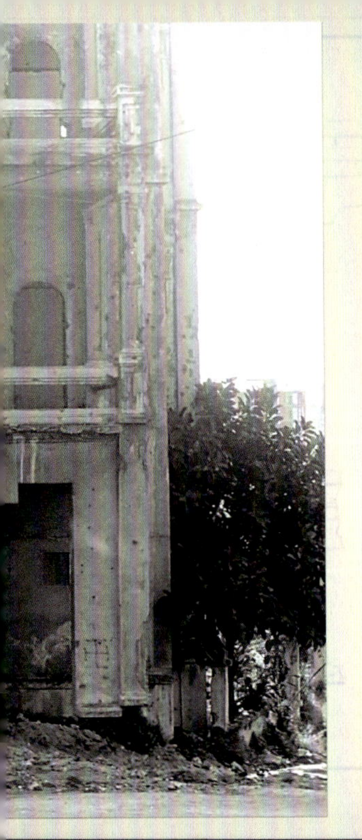

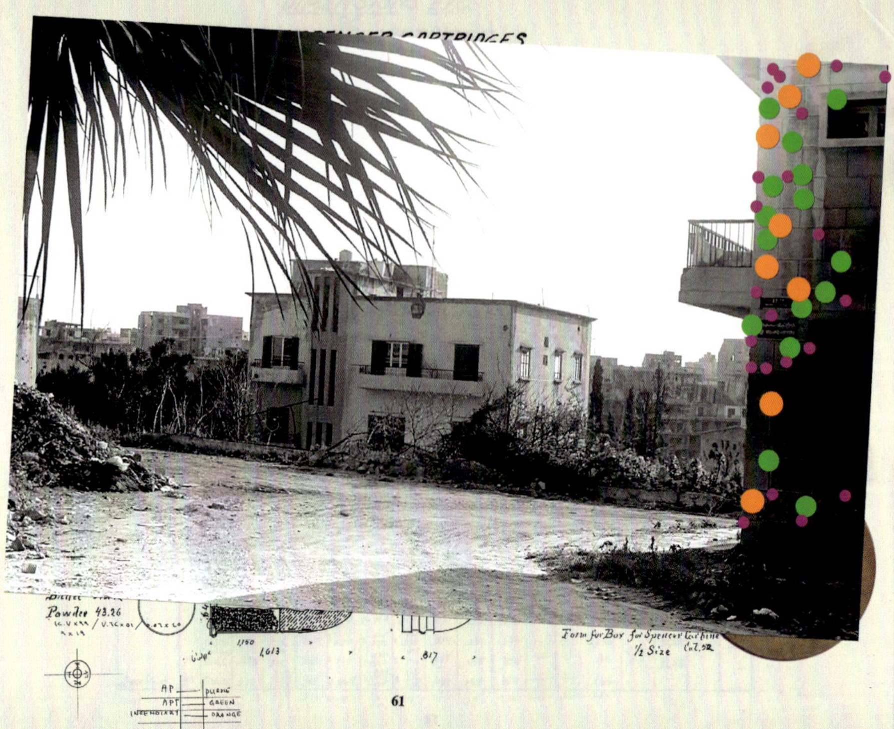
SPENCER CARTRIDGES
Powder 43.26
Form for Box for Spencer Carbine
½ Size
61

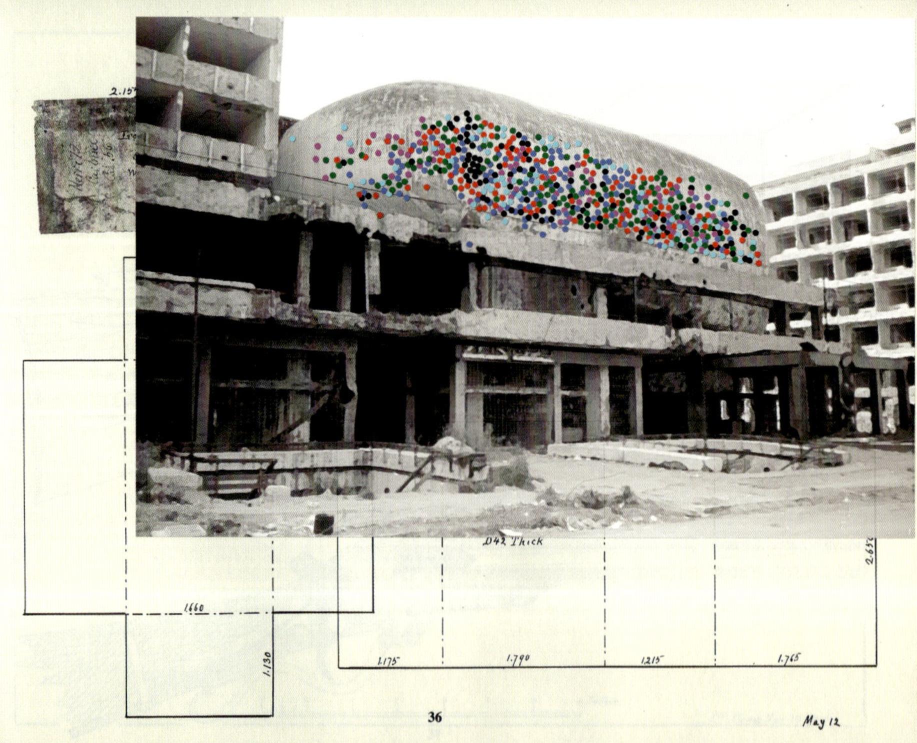
D.42 Thick
36
May 12

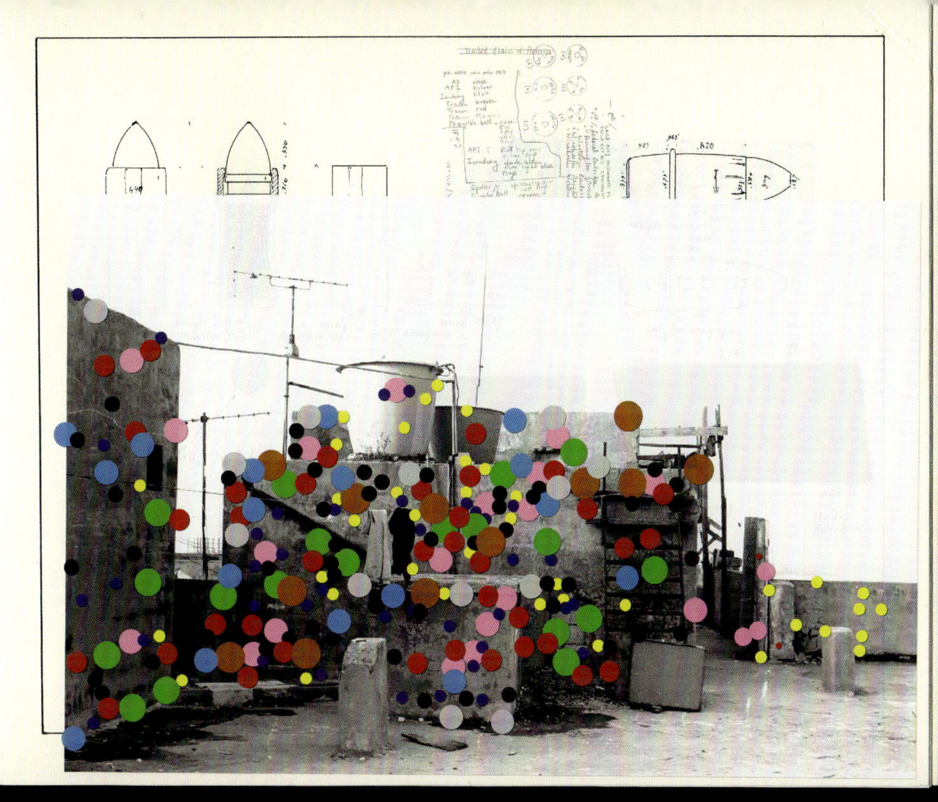

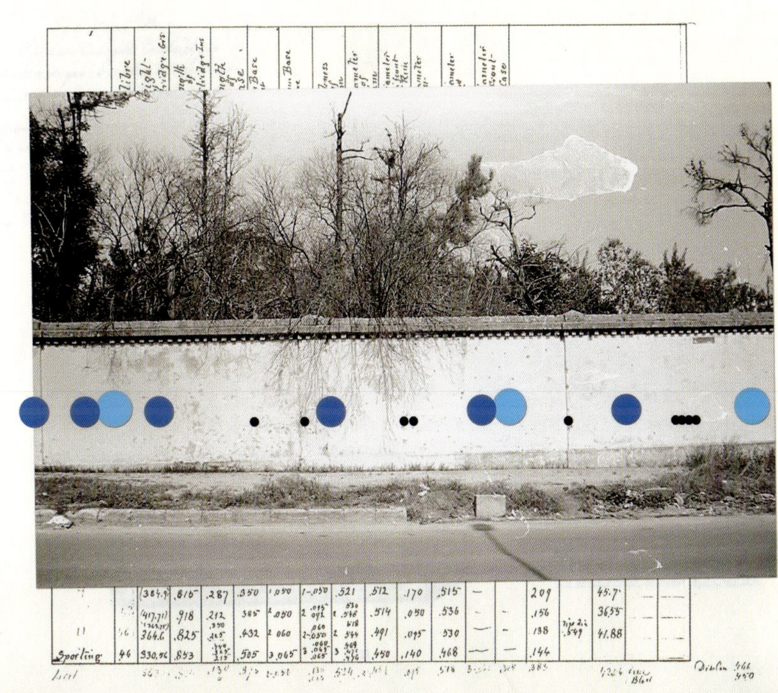

	Weight	Length	Dia.
Cartridge	504.59	2.09"	.640"
Case	72.21	1.570	.630
Bullet	362.87	850.	.512
Paper-disc	0.05	.0015	.445
Powder*	50.48		

*Black

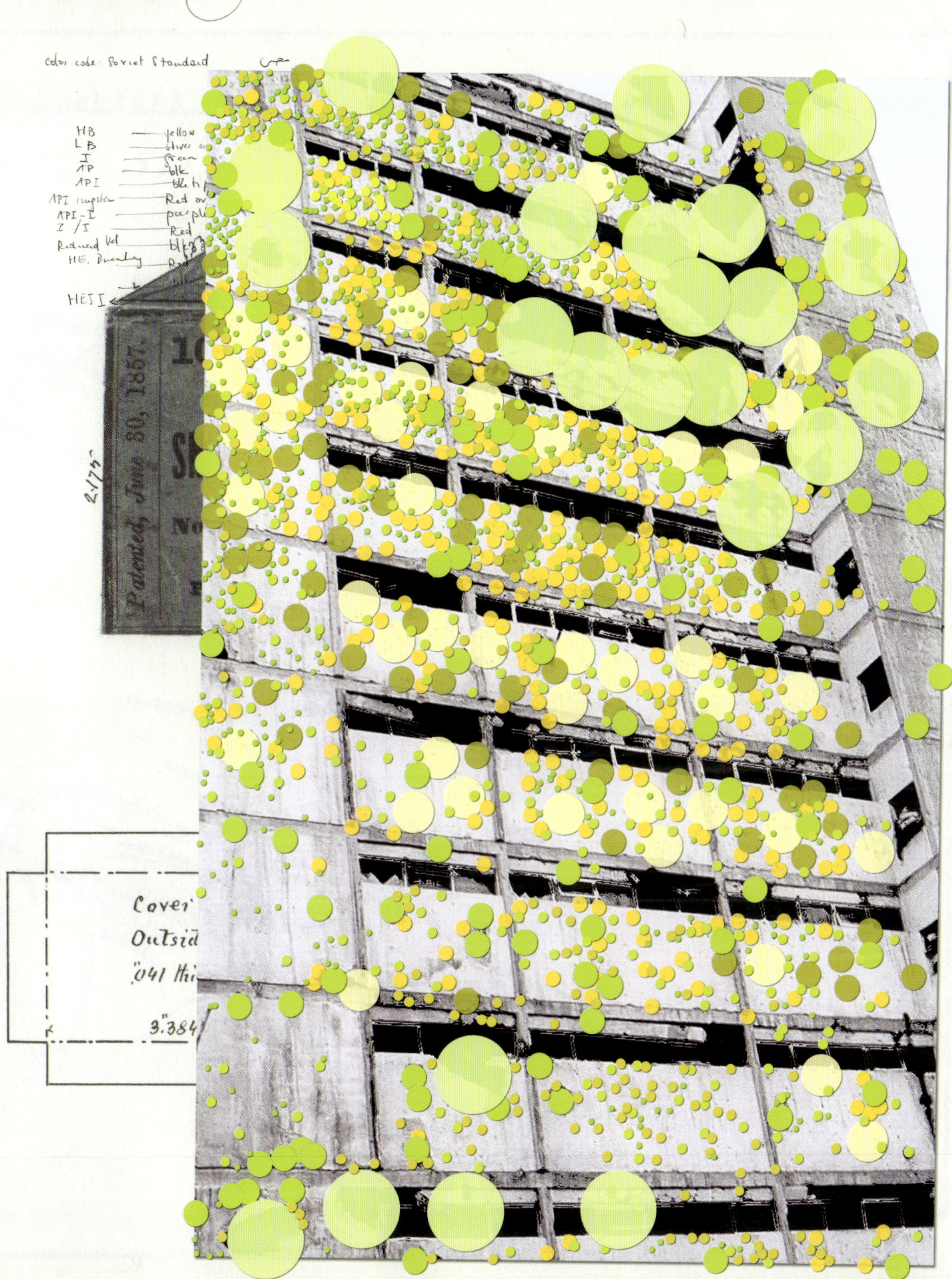
Color code: Soviet Standard

HB ———— yellow
LB ———— sliver o...
I ———— green
TP ———— blk
API ———— blk ti...
API tungsten ——— Red ov...
API–I ——— purpl...
I / I ——— Red
Reduced Vel ——— blk ...
HE, Overlay ——— R...

HE I ←

Cover
Outsid
.041 thi...
3.384

Plate 21. AG_fd_Secrets File. Digital colour prints. S21B original: 220 x 330 cm. ~ S21L original: 2 x 3 cm. 1994–2002. Courtesy The Atlas Gr

Secrets in the open sea se compose de vingt-neuf tirages
photographiques qui furent trouvés sous les décombres pendant
la démolition, en 1993, des quartiers commerçants de Beyrouth
ravagés par la guerre. Les tirages sont de différentes teintes
de bleu, mesurant chacun 111 × 173 cm. En 1994, les tirages
furent confiés à *The Atlas Group* pour être préservés et analysés.
The Atlas Group envoya six de ces tirages à des laboratoires
en France et en Grande-Bretagne pour une analyse chimique
et numérique.

De façon remarquable, les laboratoires retrouvèrent de petites
images en noir et blanc sous les tirages bleus. Ces petites images
représentaient des portraits de groupe d'hommes et de femmes.
The Atlas Group parvint à identifier tous les individus représentés
dans ces petites images en noir et blanc, et découvrit que tous
s'étaient noyés, avaient péri ou avaient été trouvés mort dans
la mer Méditerranée entre 1975 et 1991.

Plate 17. AG_FD_Secrets.

S17R
S17L

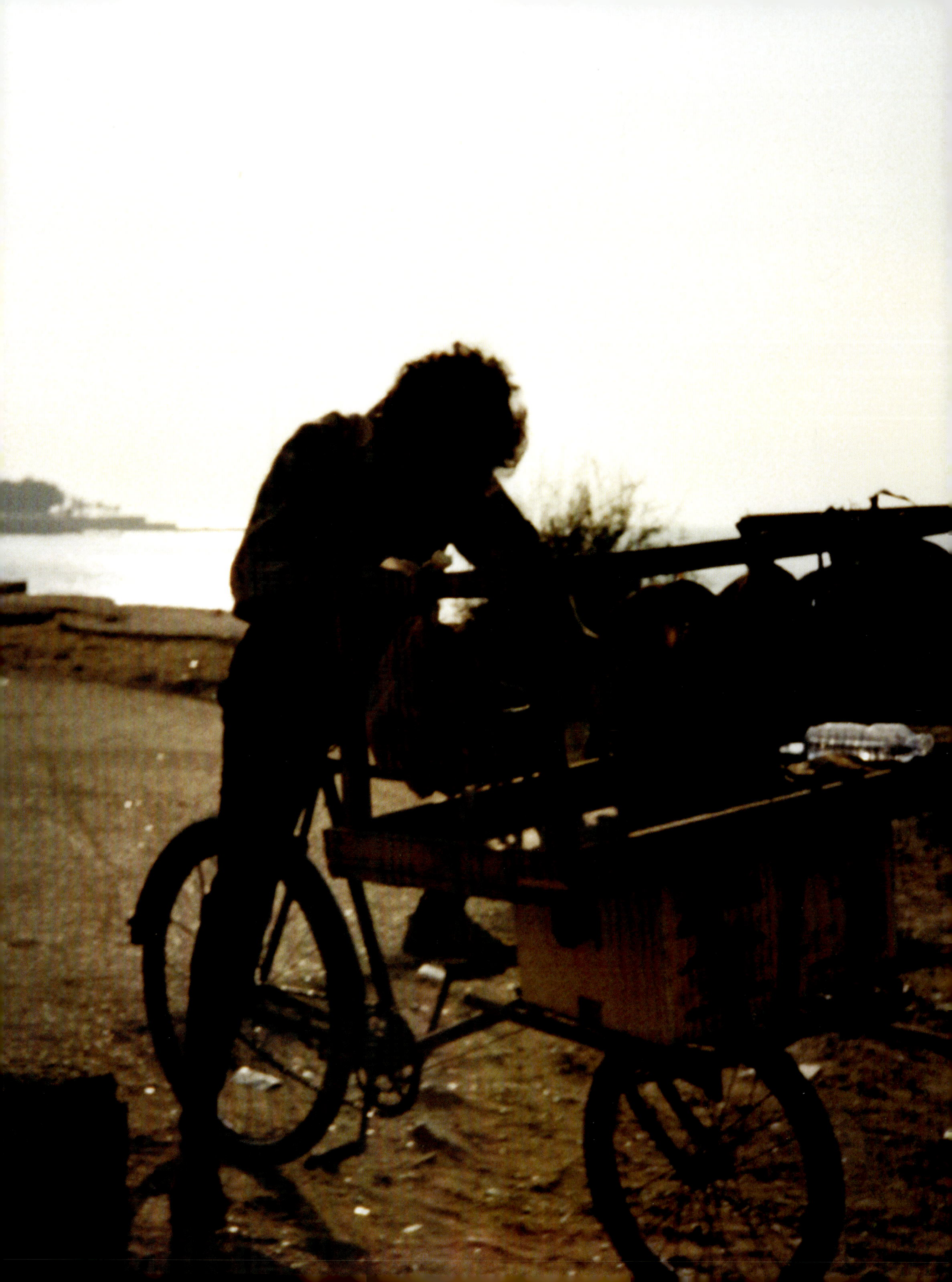

I only wish that I could weep. Ce document est attribué à l'opérateur n°17, officier de renseignement de l'armée libanaise qui fut chargé de surveiller la Corniche, promenade côtière de Beyrouth. À partir de 1997, l'officier décida de filmer le coucher du soleil au lieu de la cible qui lui avait été assignée. Cette cassette vidéo retrace l'histoire de l'opérateur et se concentre sur les images qu'il eut le droit de conserver après son licenciement.

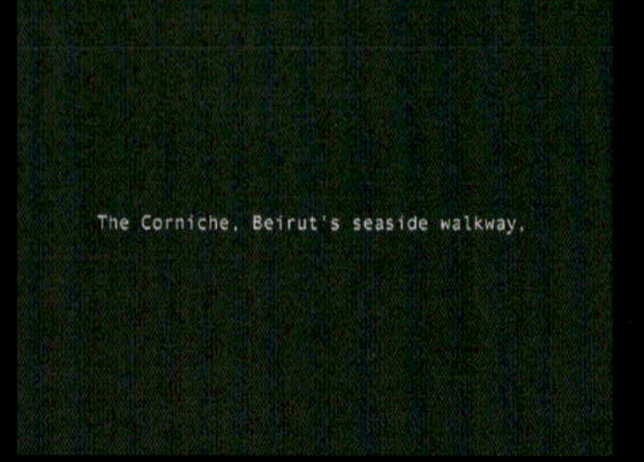

0:50

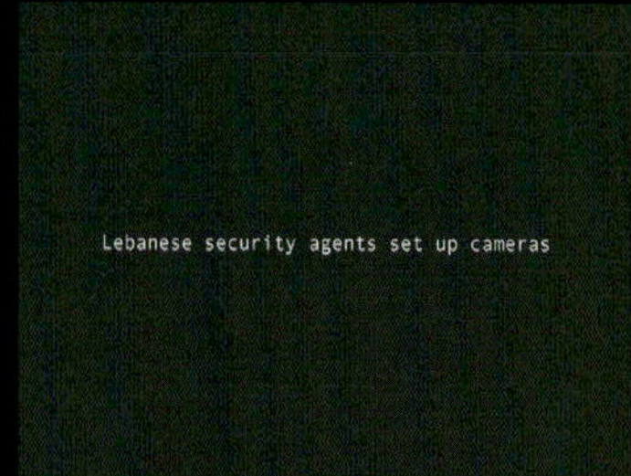

1:29

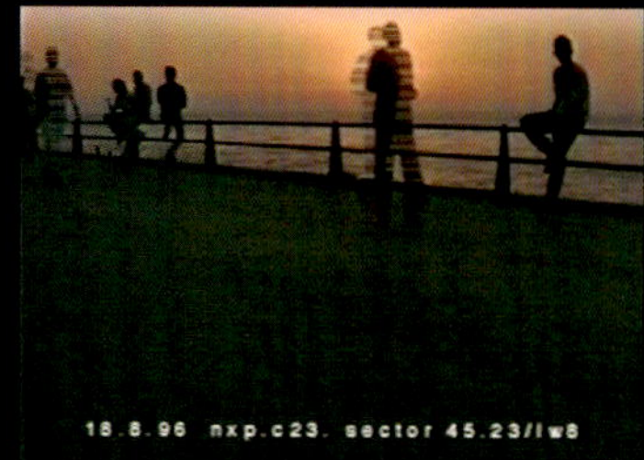

3:46

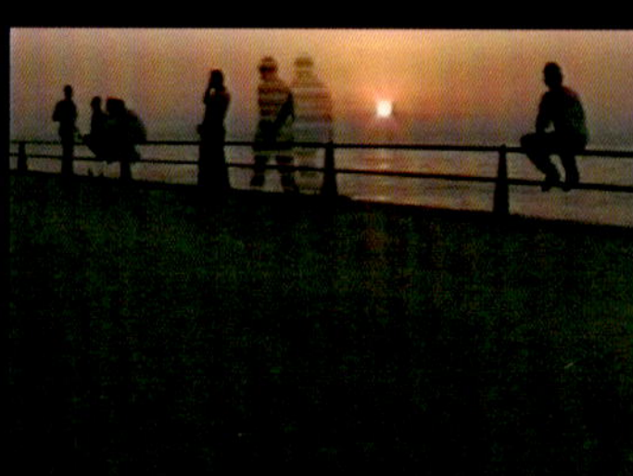

3:56

4:15

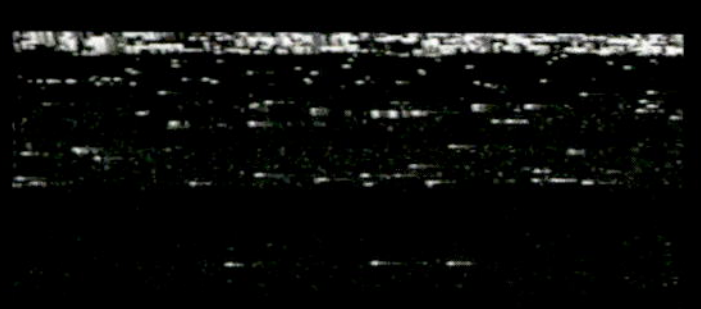

4:15

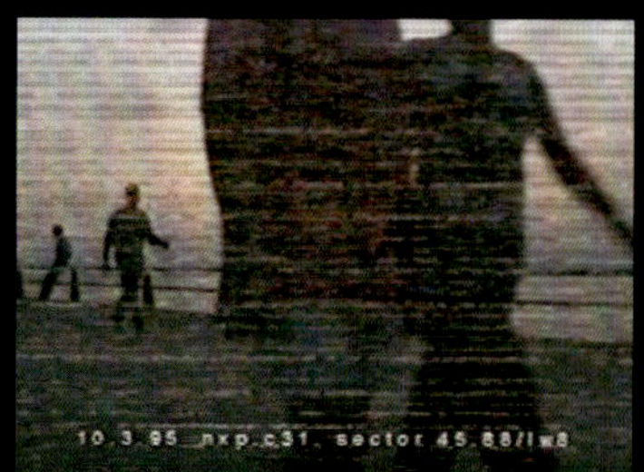

4:16

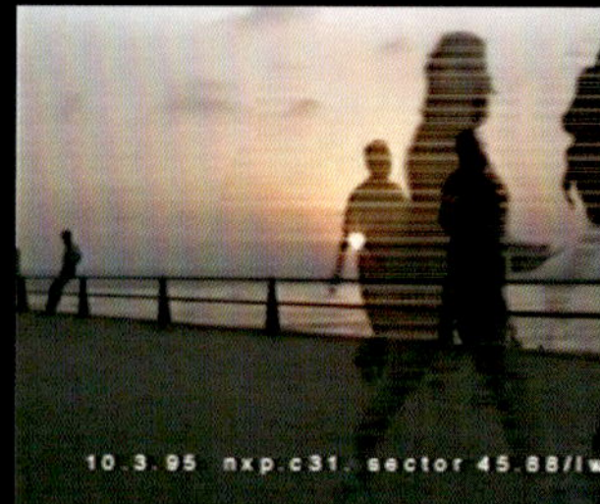

4:17

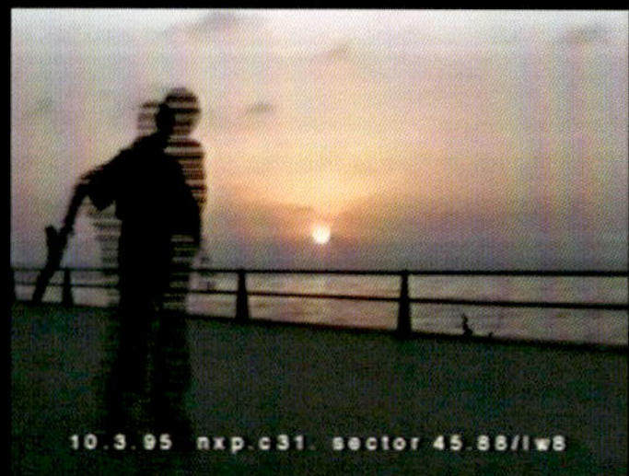

4:17

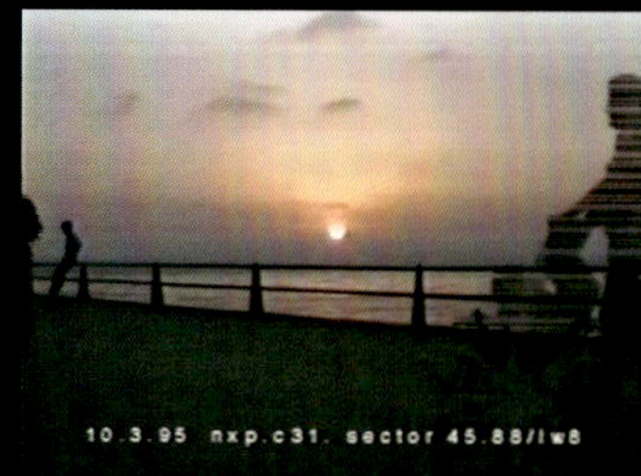

4:18

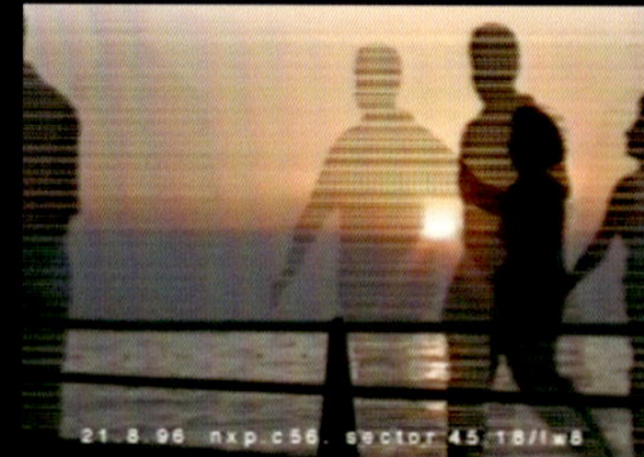

5:36

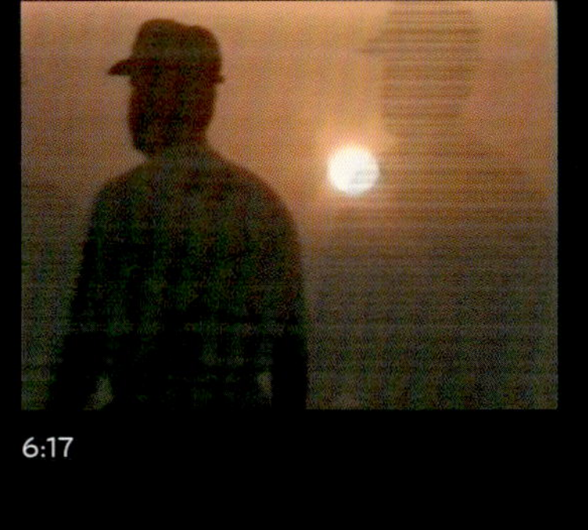

6:17

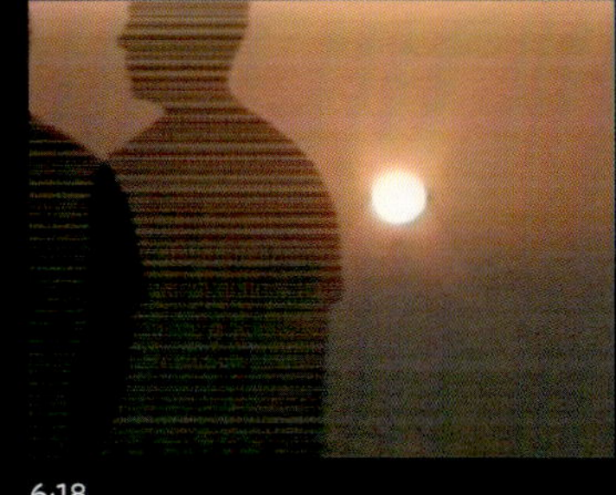

6:18

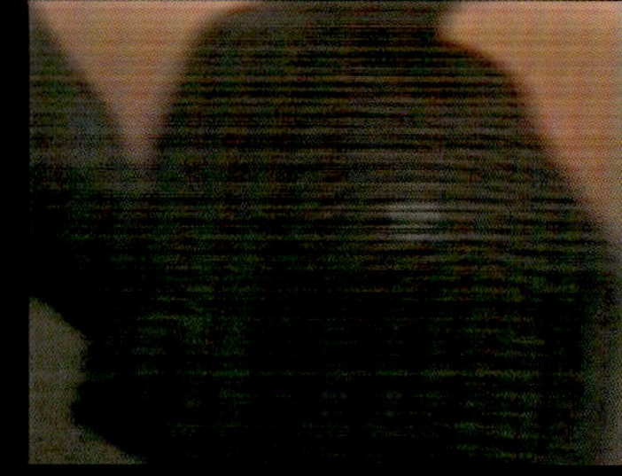

6:22

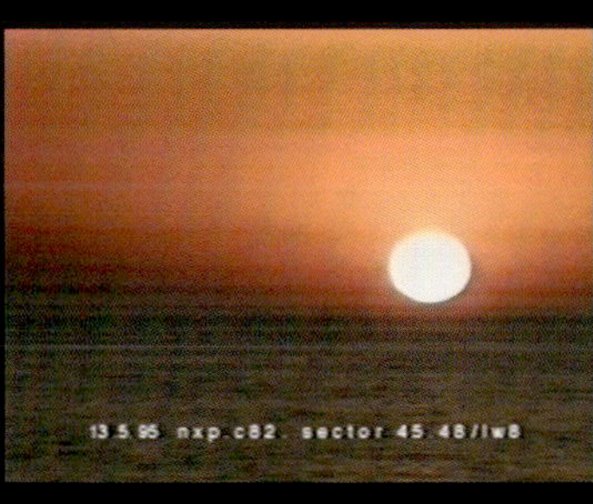

6:52

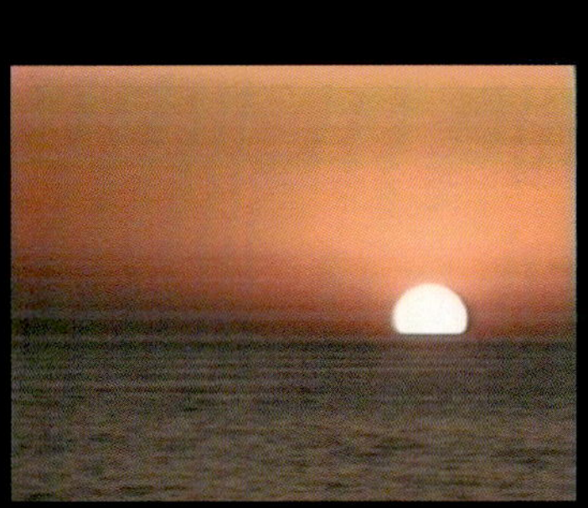

6:54

6:57

7:04

قسم أرشيف ...

الاسم : لبنان / الغارات الصناعية الجنوبية

الموضوع : الغارات ... المعمورة ب ... كل
من ... في منطقة البرج العالي

التاريخ : بيروت ١٩٨٧/٥/٢٦

من برج البراجنة بحسب ١٧ تنحصر جريمة
ممرك ال... الفنية .

My neck is thinner than a hair: Engines est un projet de recherche de *The Atlas Group* portant sur l'utilisation de voitures piégées dans les guerres du Liban de 1975-1990. Avec ce projet, *The Atlas Group* examine les évènements, les discours, les objets et les expériences, publics et privés, qui entourèrent les 3641 attentats à la voiture piégée perpétrés durant cette période.

La seule pièce qui reste intacte après l'explosion d'une bombe est le moteur. Il atterrit sur un balcon, un toit ou une rue adjacente, projeté à des dizaines, voir à des centaines de mètres du site originel de la bombe. Pendant les guerres, les photojournalistes se battaient pour être le premier à trouver et à photographier les moteurs.

Les 100 photographies suivantes furent réalisées par des photojournalistes et découvertes par Walid Raad dans les archives du Centre de recherche An-Nahar (Beyrouth, Liban) et du Centre de documentation arabe (Beyrouth, Liban).

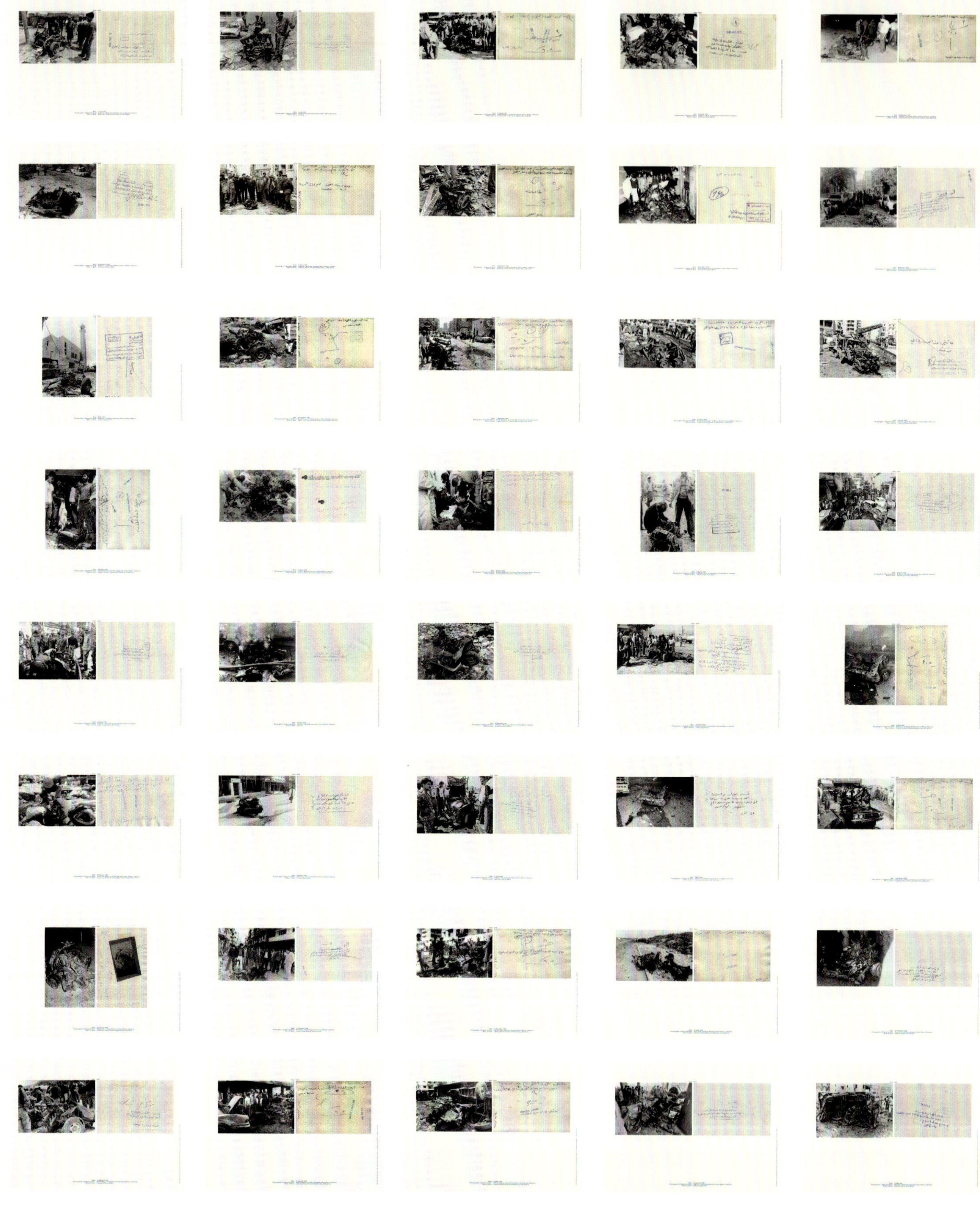

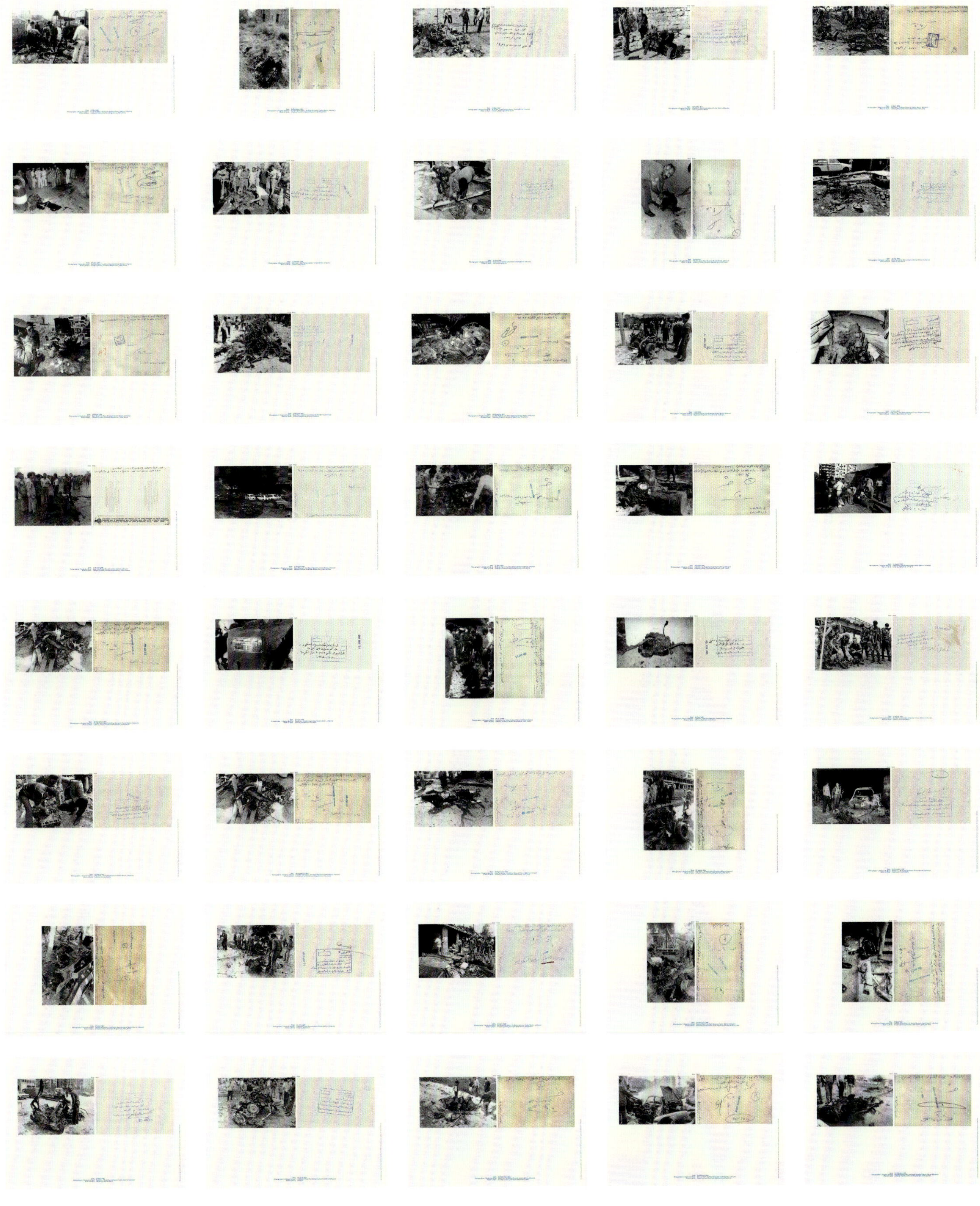

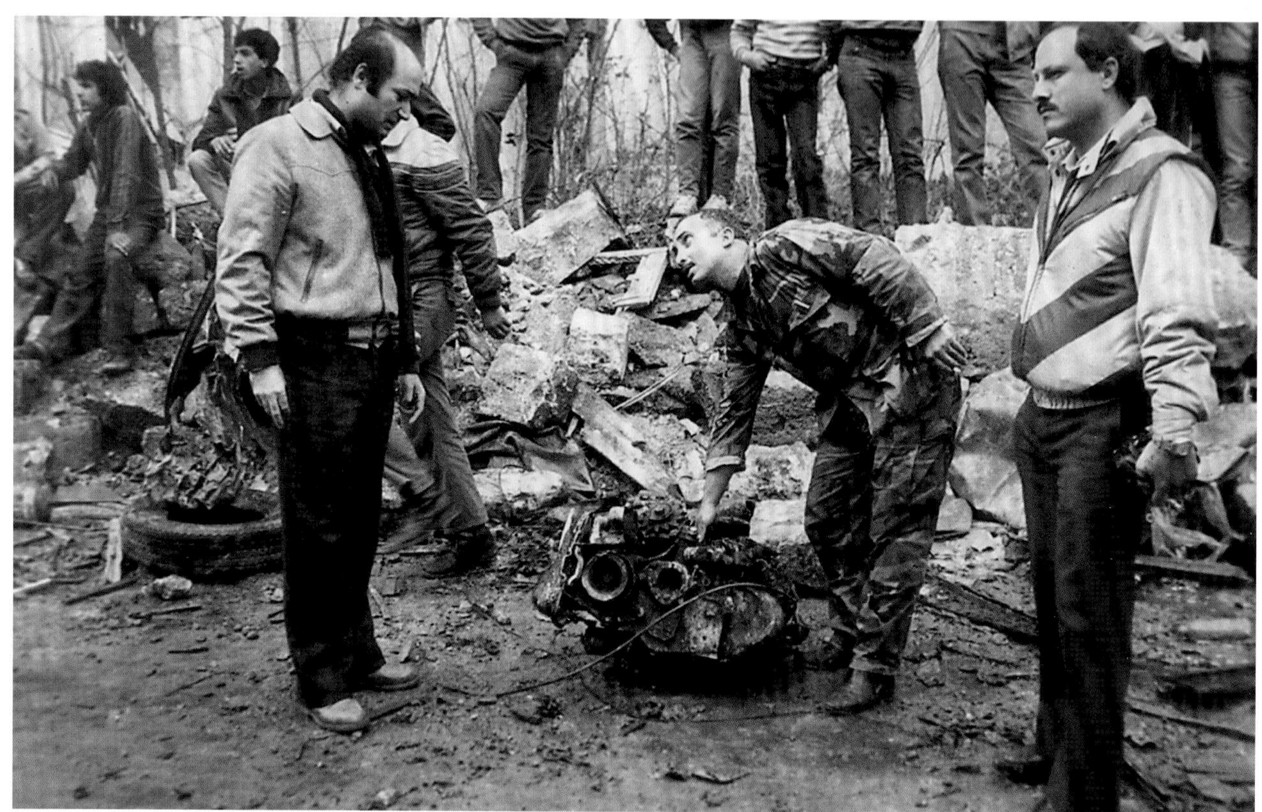

Date:
Photographer | Original Archive:
Notes on Back:

back

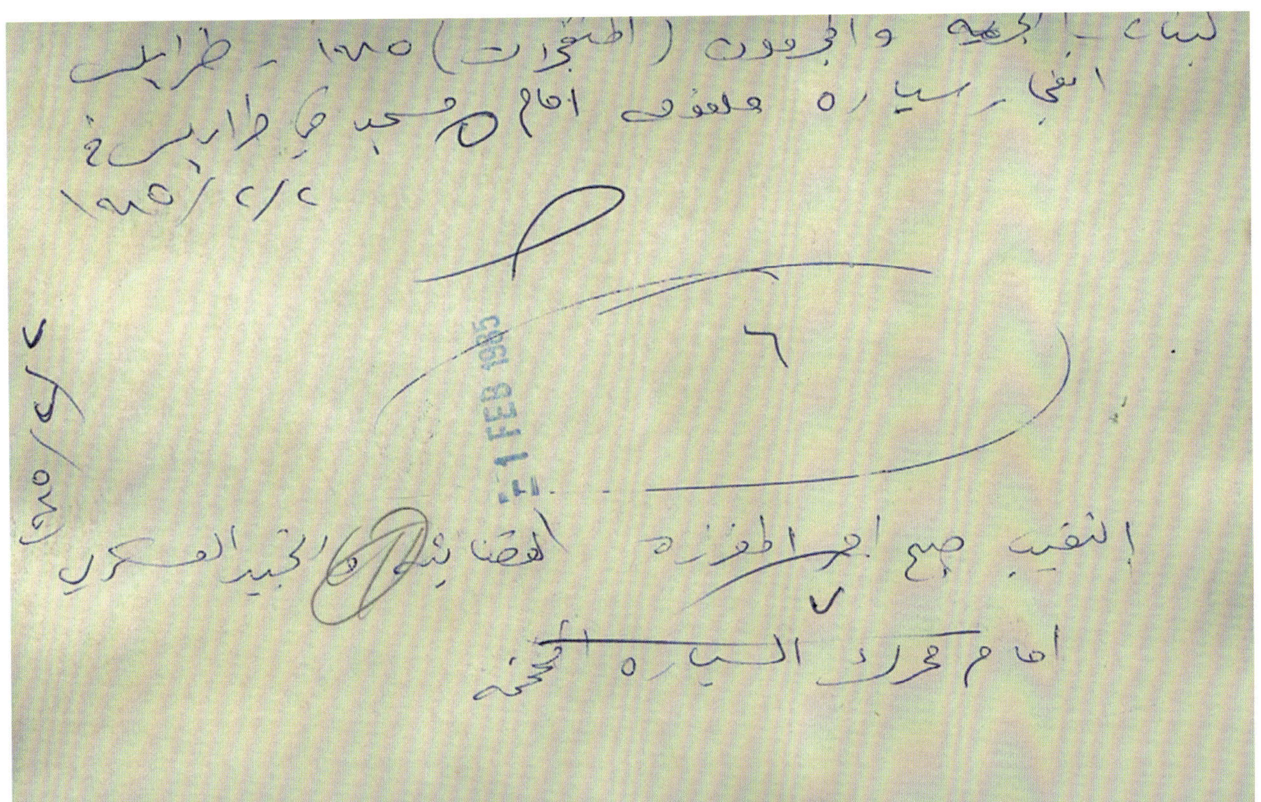

1 February 1985
Unknown | An-Nahar Research Center (Beirut, Lebanon)
Lebanon_Crimes_Criminals (Explosions)_1985_Tripoli

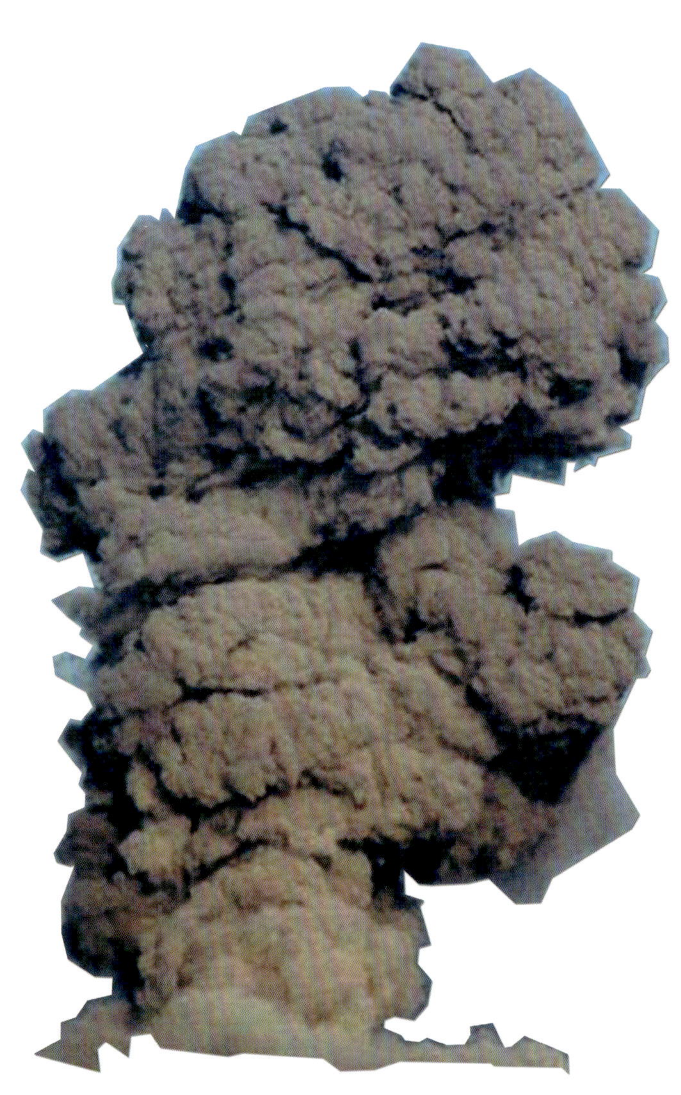

"Oh God," he said, talking to a tree. Les photographies suivantes sont attribuées à Nahia Hassan, qui en fit donation à *The Atlas Group* en 2004. Jusqu'à son licenciement en 1994, Hassan était topographe supérieure à la Direction des affaires géographiques de l'armée libanaise.

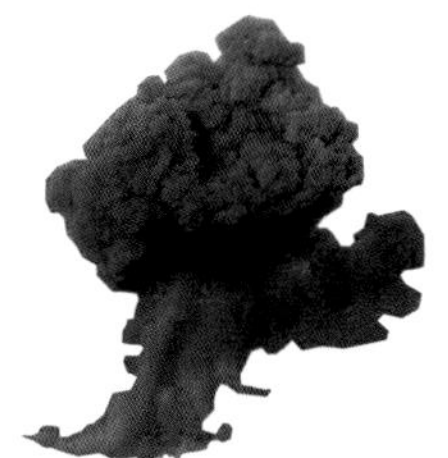

Kfar Chouba_April 11, 2006

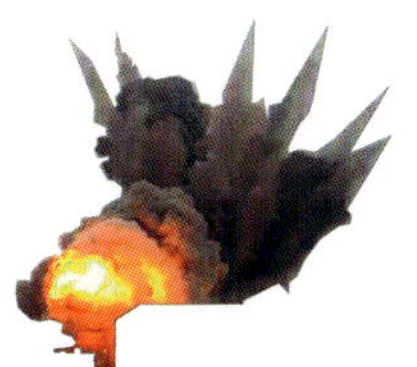

Beirut_August 4, 2006

Sweet Talk: Commissions (Beirut)[2]

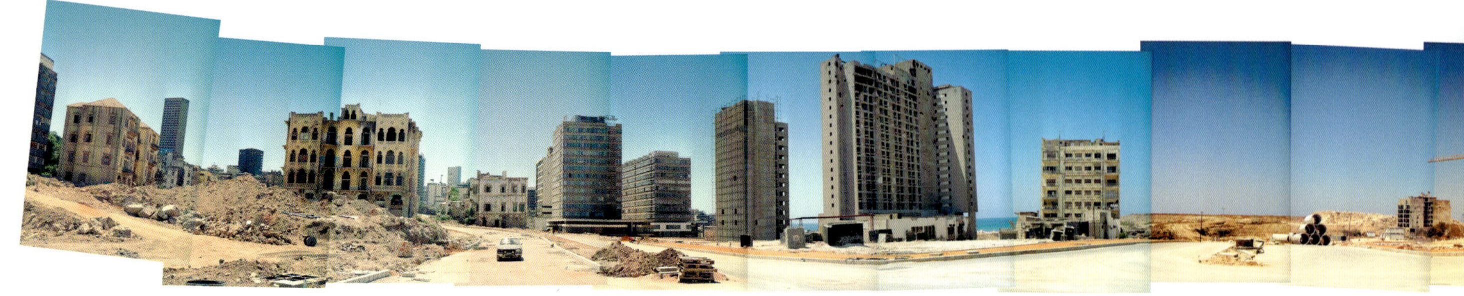

81.

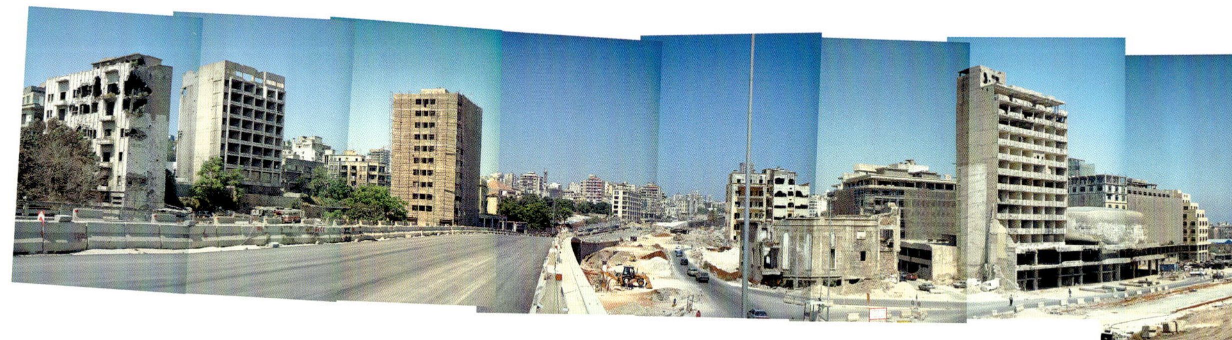

82.

81.
[*Downtown, Beirut*]
ca. 1996-1997; printed later.
21.3 x 16.3 cm (6 3/8 x 6 7/8 in.)
84.XM.956.136
MARKS & INSCRIPTIONS: (Verso) Raad stamp B; at l.
left, in pencil, Samaha no. *L65.50.*
REFERENCES: *APERTURE, p. 25.
EXHIBITIONS: *Experimental Photography: Beirut*,
Beirut Museum, Beirut, Sept. 26 - Dec. 10,
1989.

82.
[*Downtown, Beirut*]
ca. 1996-1997; printed later.
12.9 x 8.3 cm (5 1/8 x 3 5/16 in.)
84.XM.956.89
MARKS & INSCRIPTIONS: (Verso, mount) signed
and dated at l. right, in pencil by Raad, *Walid
Raad/1930*; (verso, mount) at l. center, Samaha
stamp; (recto, mat) at l. right in pencil, *44*; at l.
left, in pencil, *L65.12(Raad)*
REFERENCES: *APERTURE, p. 26.
EXHIBITIONS: *Experimental Photography: Beirut*,
Beirut Museum, Beirut, Sept. 26 - Dec. 10, 1989.

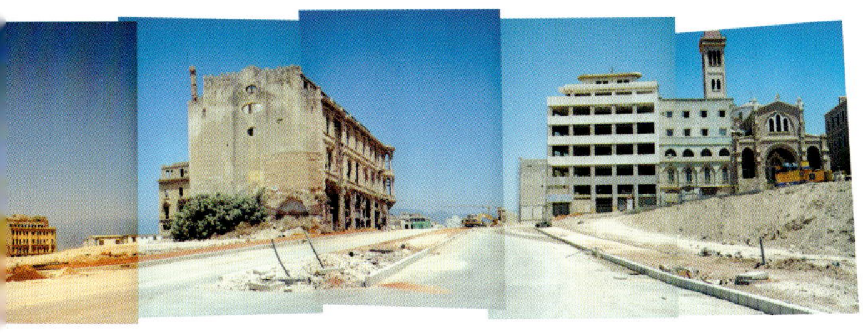

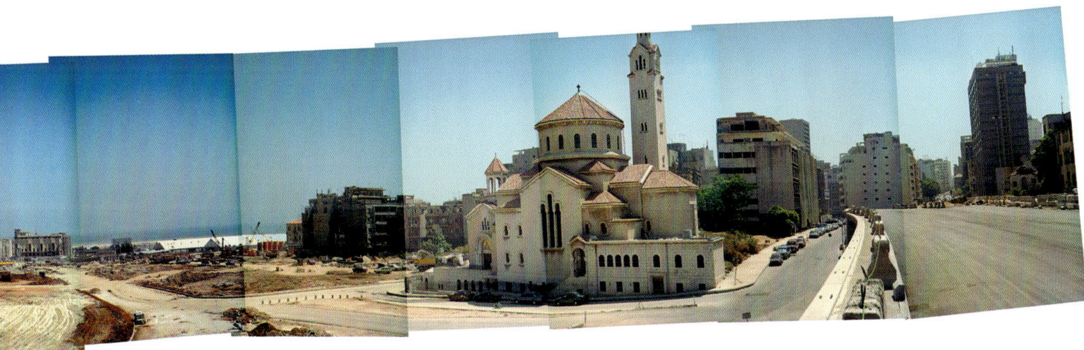

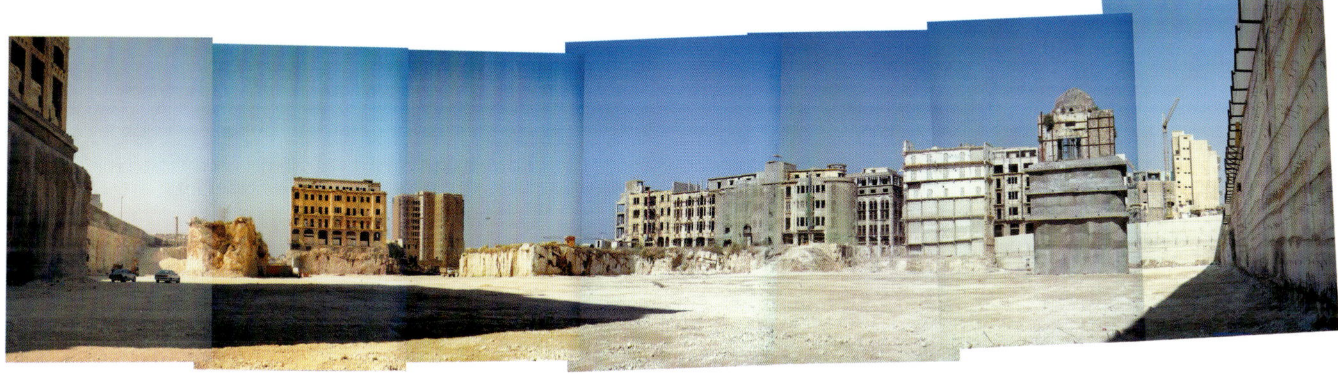

83.

83.
[*Downtown, Beirut*]
ca. 1996-1997; printed later.
7.8 x 5.5 cm (3 1/16 x 2 3/16 in.)
84.XM.488.6
MARKS & INSCRIPTIONS: (Verso) at u. left, Raad
stamp A; at center, in pencil by L. Samaha,
Donated to Art Inst. of Beirut 1969/L.Samaha; at
center, in pencil, *2*; at right, Samaha stamp.
REFERENCES: *APERTURE, p. 27.
EXHIBITIONS: *Experimental Photography: Beirut*,
Beirut Museum, Beirut, Sept. 26 - Dec. 10,
1989.

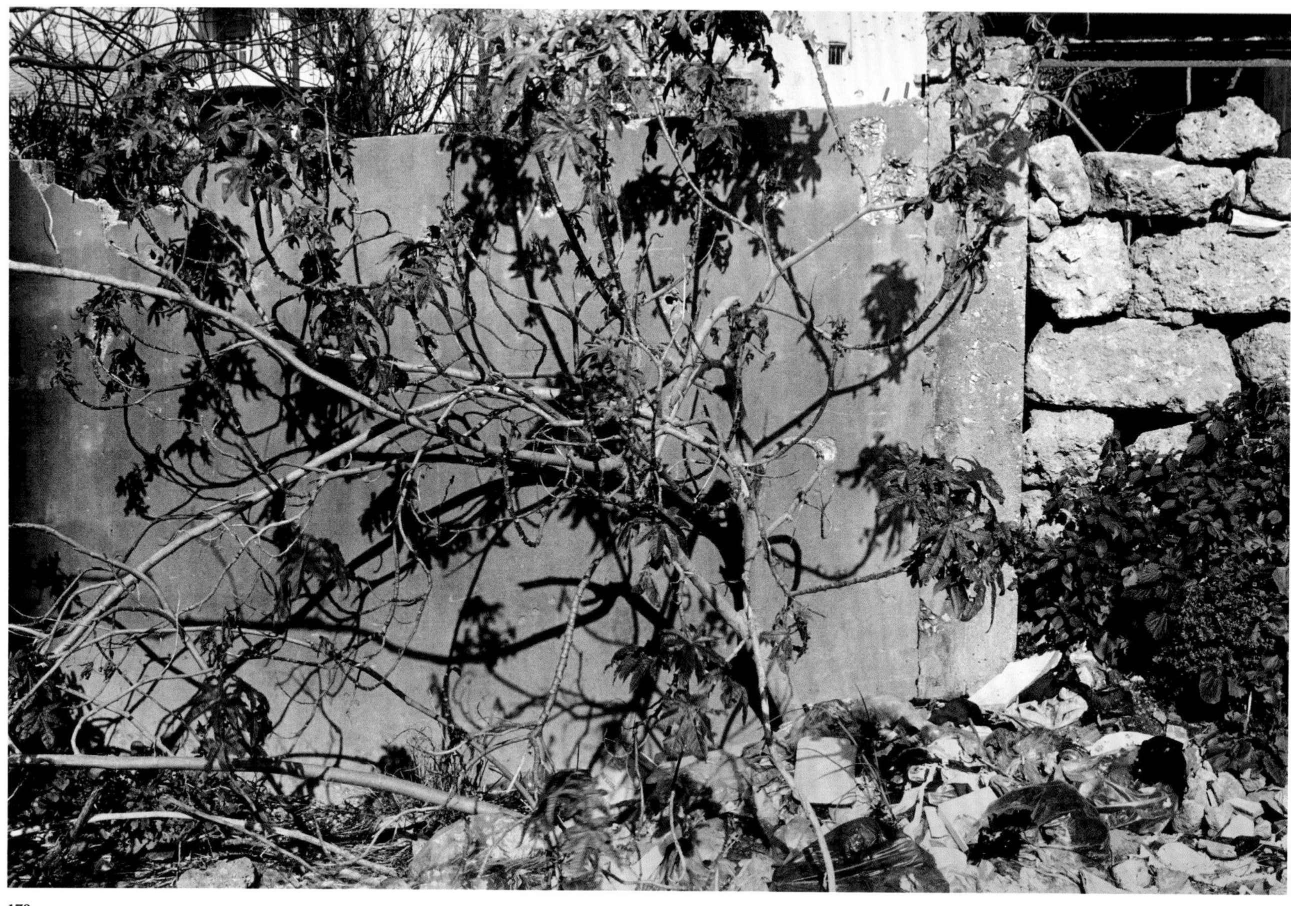

179.

179.
[*Tree Scene, Beirut*]
1991; printed later.
21.3 x 16.3 cm (6 ³/₈ x 6 ⁷/₈ in.)
84.XM.129.3
MARKS & INSCRIPTIONS: (Recto) in negative, at u.
right edge, *RA-1276-A* [*reversed*]; (verso) at u.
right, in pencil, *d-21 BSA_*; along bottom edge, in
pencil, *#797 Street Scene, Beirut, Lebanon,
December 1991*; at l. right, in pencil, *E5.*
PROVENANCE: Tabet Gallery.
REFERENCES: WEBR, p. 14, no. 15 (titled in
Arabic and dated, *Beirut, 1991*).

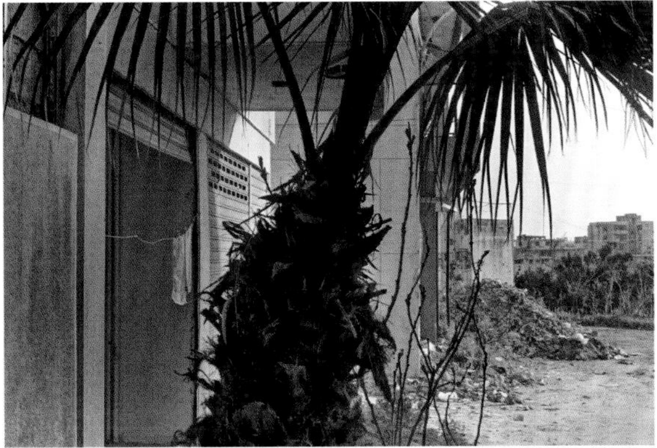

180.

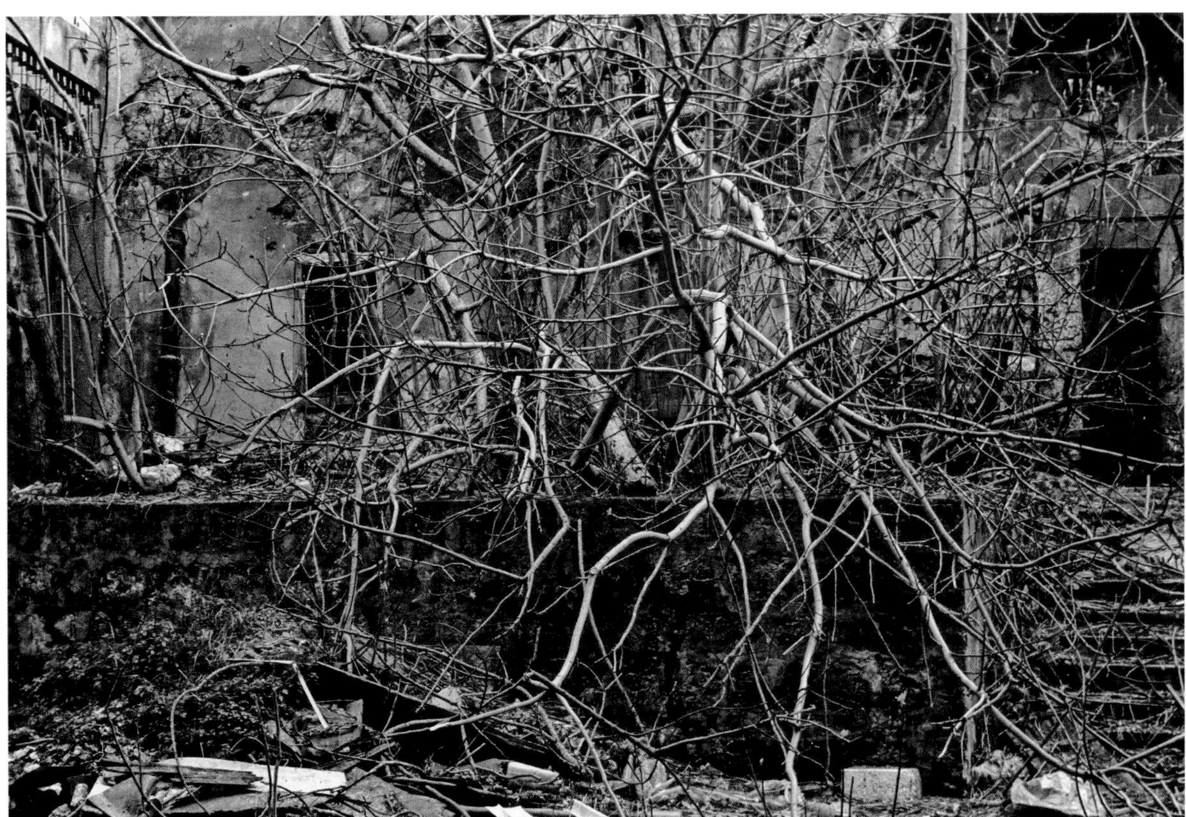

181.

180.
[*Tree Scene, Beirut*]
1991
21 x 15.7 cm (8 ¼ x 6 ³/₁₆ in.)
84.XM.956.104
MARKS & INSCRIPTIONS: (Verso) at right center, partial
Raad stamp A; at l. left, in pencil, Samaha *L78.55.*

181.
[*Tree and Towel, Beirut*]
1991; printed later
18.3 x 15.3 cm (7 ⁷/₃₂ x 6 ¹/₃₂ in.)
84.XM.956.109
MARKS & INSCRIPTIONS: (Recto, mount) signed and
dated at l. right in pencil, by Raad, *Walid Raad,
1991*; (verso, mount) at l. left in pencil, Samaha
no. *178.53 (Raad).*
PROVENANCE: Tabet Gallery.
REFERENCES: WEBR, p. 14, no. 89.

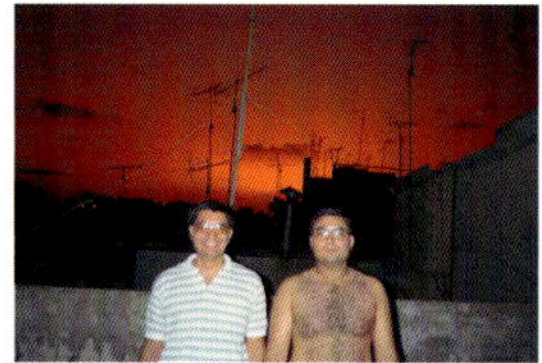 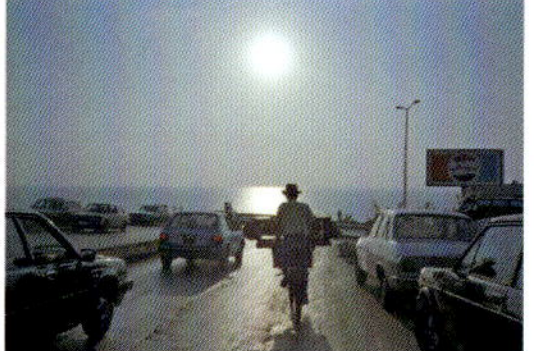 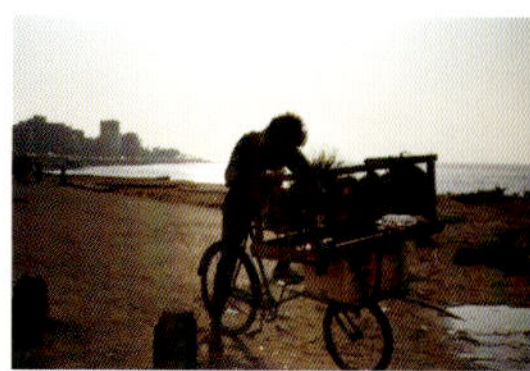 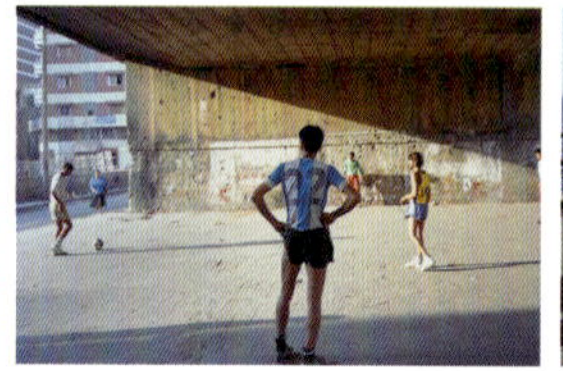 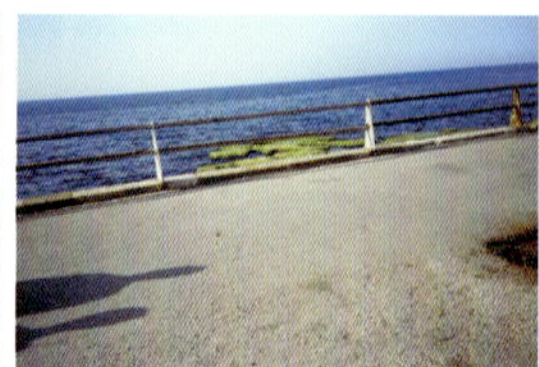

652.   651.   650.   649.   648.

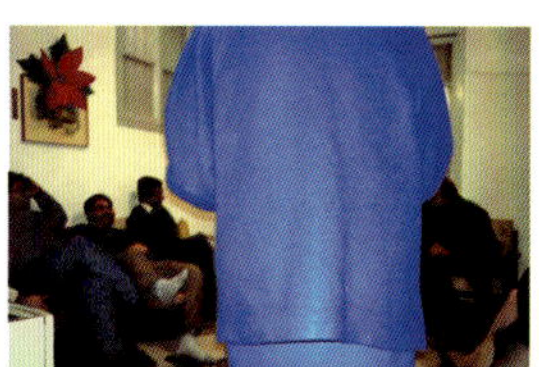 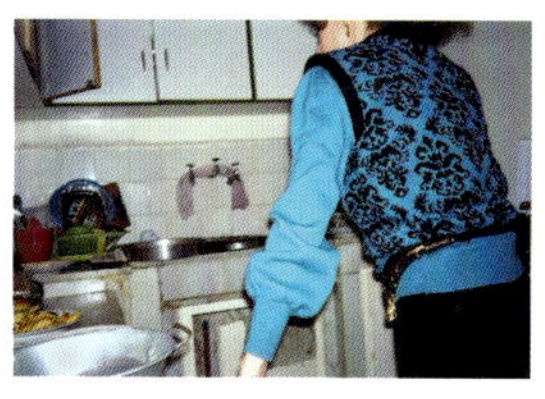 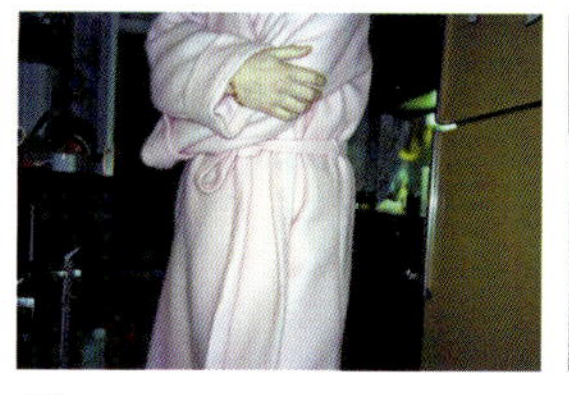 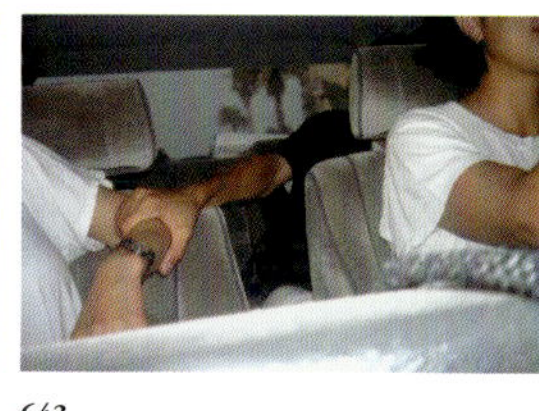 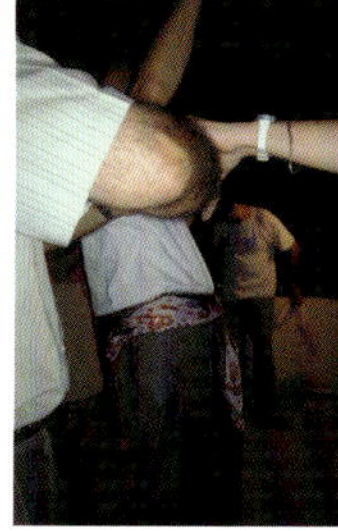

647.   646.   645.   644.   643.

642.

638.
[*Commission IV*]
1992-1994; printed ca. 2004
10.1 x 15.2 cm (4 x 6 in.)
84.XM.956.774
MARKS & INSCRIPTIONS: (Recto, mount) signed at
l. right below print, in pencil, by Raad, *Walid
Raad*; (verso, mount) at center, Raad stamp I;
at center Samaha stamp; (recto, mat) at l. right,
in pencil, 204; at l. left, in pencil, Samaha no.
L70.106(Raad).
REFERENCES: MAC, p. 41 (variant); WEAW, p.
157 (bottom left image).

635.
[*Commission IV*]
1992-1994; printed ca. 2004
15.2 x 10.1 cm (6 x 4 in.)
84.XM.956.581
MARKS & INSCRIPTIONS: (Recto, mount) signed at
right below print, in ink, by Raad, *Walid Raad*;
at l. right, Raad stamp I; at l. right, in pencil,
181/11 [underlined]/*170*; (verso, mount) at
center, Raad stamp I, at l. center, in pencil, *20*
[circled] *5 1/2 WIDE/ 1 1/4 in. HEAD and 15%
OFF*; at l. left, in pencil, Samaha no. *L71.20
(Raad)*.

636.
[*Commission IV*]
1992-1994; printed ca. 2004
10.1 x 15.2 cm (4 x 6 in.)
84.XM.956.778
MARKS & INSCRIPTIONS: (Recto, mount) at right, in
pencil, *4*; (verso, mount) at center right, Raad
stamp I; at l. center, in pencil, *36*; at u. right, in
pencil, BMMA loan no. *66.1128*; at l. left,
Samaha no. *L70.81(Raad)*.
REFERENCES: MAC, p. 39 (variant).

637.
[*Commission IV*]
1992-1994; printed ca. 2004
10.1 x 15.2 cm (4 x 6 in.)
84.XM.956.582
MARKS & INSCRIPTIONS: (Recto) signed at l. right
below image, in ink, by Raad, *Walid Raad*; at
l. center, Raad stamp I; at l. right, in pencil,
194/13 [underlined]/*181*; (verso, mount) at
center, Raad stamp I; at l. center, in pencil, *21*
[circled] *40% OFF/1 1/2 HEAD*; at l. left, in
pencil, Samaha no. *L71.21(Raad)*.
REFERENCES: MAC, p41; LUNN p.11 (Variant);
WEAW, p. 157 (variant, bottom left image).

639.
[*Commission IV*]
1992-1994; printed ca. 2004
10.1 x 15.2 cm (4 x 6 in.)
84.XM.956.774
MARKS & INSCRIPTIONS: (Recto) signed) signed at l.
right below image, in ink, by Raad, *Walid Raad*;
at l. center, in pencil, *179/12* [underlined]/*167*;
(verso, mount) at center, Raad stamp I; at l.
center, in pencil, *22* [circled]/*40% OFF/1 1/2
HEAD*; at l. left, in pencil, Samaha no. *L71.22
(Raad)*.
REFERENCES: MAC, p. 43; WEAW, p. 158
(variant, center left image).

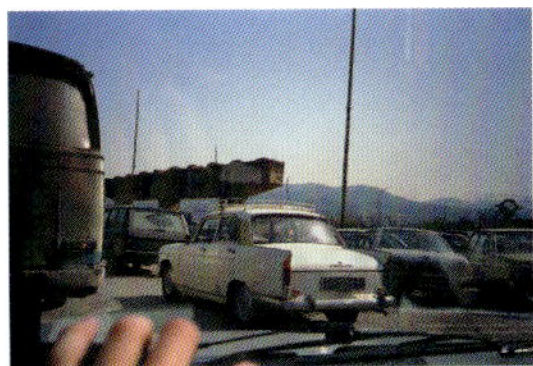

641.

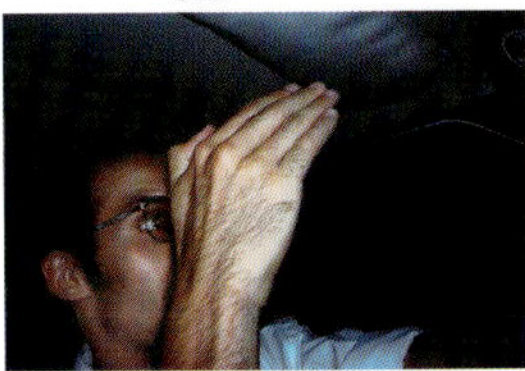

640.

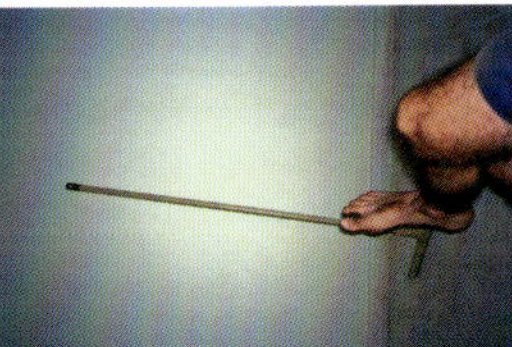
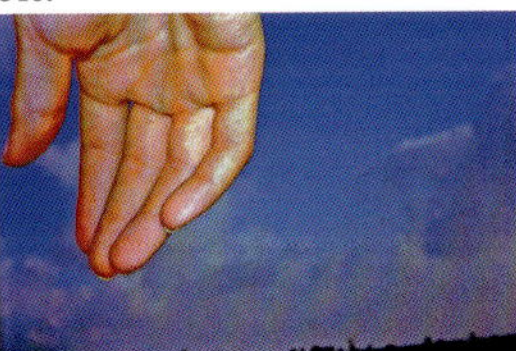

639.   **638.**

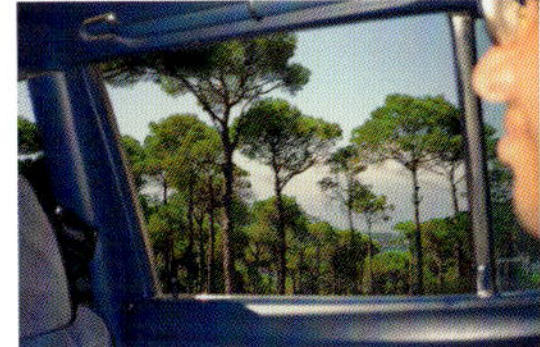
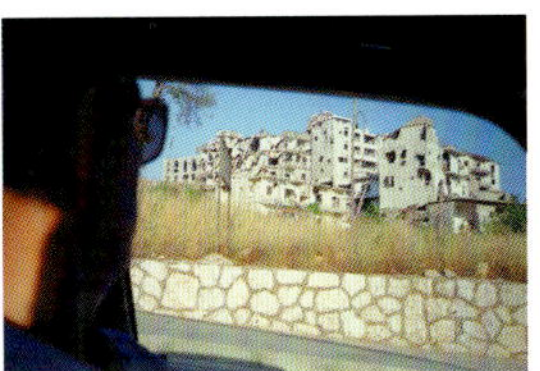

637.   **636.**

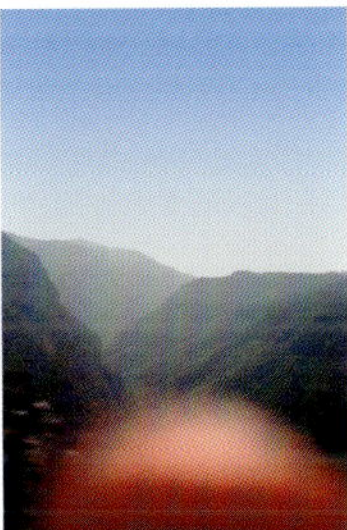

635.

642.
[*Commission IV*]
1992-1994; printed ca. 2004
15.2 x 10.1 cm (6 x 4 in.)
84.XM.956.744
MARKS & INSCRIPTIONS: (Verso) at center, Raad stamp A; (recto, mat) at l. right, in pencil, *209, 210, 211*; at l. left, in pencil, Samaha nos. *70.54-56(Raad)*.

643.
[*Commission IV*]
1992-1994; printed ca. 2004
10.1 x 15.2 cm (4 x 6 in.)
84.XM.956.585
MARKS & INSCRIPTIONS: (Recto) signed at right below image, in ink, by Raad, *Walid Raad*; at l. right, Raad stamp I; at center, in pencil, *192/12* [underlined]/*180*; (verso, mount) at center, Raad stamp I; at l. center, in pencil, *24* [circled] *40%OFF/2 in. HEAD*; at l. left, in pencil, Samaha no. *L71.24(Raad)*.

644.
[*Commission IV*]
1992-1994; printed ca. 2004
10.1 x 15.2 cm (4 x 6 in.)
84.XM.956.760
MARKS & INSCRIPTIONS: (Recto, mount) signed at right below print, in pencil, by Raad, *Walid Raad*; (verso, mount) at center, Raad stamp I; at center, in ink, by Raad, *1-17#22*; at center, Samaha stamp; (recto, mat) at l. center, on torn white paper taped to mat, in pencil, *1992-1994/ Beirut*; at l. right, in pencil, *192*; at l. left, in pencil, Samaha no. *L70.112(Raad)*.

645.
[*Commission IV*], 1992-1994; printed ca. 2004
10.1 x 15.2 cm (4 x 6 in.)
84.XM.956.586
MARKS & INSCRIPTIONS: (Recto) signed at right below image, in ink, by Raad, *Walid Raad*; at l. right, Raad stamp I; at l. center, in pencil, *184/12* [underlined]/*172*; (verso, mount) at center, Raad stamp I; at l. center, in pencil, *25* [circled] *40% OFF/2 in. HEAD*; at l. left, in pencil, Samaha no. *L71.25(Raad)*.

646.
[*Commission IV*]
1992-1994; printed ca. 2004
10.1 x 15.2 cm (4 x 6 in.)
84.XM.956.586
MARKS & INSCRIPTIONS: (Recto) signed at right below image, in ink, by Raad, *Walid Raad*; at l. right, Raad stamp I; at l. right, in pencil, *180/12* [underlined]/*168*; (verso, mount) at center, Raad stamp I; at l. center, in pencil, *26* [circled] *40% OFF/2 in. HEAD*; at l. left, in pencil, Samaha no. *L71.26(Raad)*.

647.
[*Commission IV*]
1992-1994; printed ca. 2004
15.2 x 10.1 cm (6 x 4 in.)
84.XM.956.734
MARKS & INSCRIPTIONS: (Recto) signed at right below image, in ink, by Raad, *Walid Raad*; at l. right, Raad stamp I; at l. right, in pencil, *181/13* [underlined]/*169*; (verso, mount) at center, Raad stamp I; at l. center, in pencil, *26* [circled] *30% OFF/2 in. HEAD*; at l. left, in pencil, Samaha no. *L71.29(Raad)*. REFERENCES: MAC, p40; LUNN p.12 (Variant); WEAW, p. 157 (variant, bottom left image).

649.
[*Commission IV*]
1992-1994; printed ca. 2004
10.1 x 15.2 cm (4 x 6 in.)
84.XM.956.588
MARKS & INSCRIPTIONS: (Recto) signed at l. right below image, in ink, by Raad, *Walid Raad*; at l. right, Raad stamp I; (verso, mount) at center, Raad stamp I; at l. center, in pencil, *36* [circled] *40% OFF/2 in. HEAD*; at l. left, in pencil, Samaha no. *L71.36(Raad)*.

650.
[*Commission IV*]
1992-1994; printed ca. 2004
10.1 x 15.2 cm (4 x 6 in.)
84.XM.956.663
MARKS & INSCRIPTIONS: (Recto, mount) signed at l. right, in pencil, by Raad, *Walid Raad*; in left margin, Raad stamp I; at l. left, in pencil, Samaha no. *L70.61(Raad)*.

651.
[*Commission IV*]
1992-1994; printed ca. 2004
10.1 x 15.2 cm (4 x 6 in.)
84.XM.956.590
MARKS & INSCRIPTIONS: (Recto) signed at l. right below image, in ink, by Raad, *Walid Raad*; at l. right, Raad stamp I; at l. right, in pencil, *191/11* [underlined]/*v*; (verso, mount) at center, Raad stamp I; at l. center, in pencil, *29* [circled] *40% OFF/2 in. HEAD*; at l. left, in pencil, Samaha no. *L71.29(Raad)*.

652.
[*Commission IV*]
1992-1994; printed ca. 2004
10.1 x 15.2 cm (4 x 6 in.)
84.XM.956.680
MARKS & INSCRIPTIONS: (Recto, mount) signed at right below print, in pencil, by Raad, *Walid Raad*; (verso, mount) at center, Raad stamp I; at l. left, in pencil, Samaha no. *L70.39(Raad)*.

640.
[*Commission IV*]
1992-1994; printed ca. 2004
10.1 x 15.2 cm (4 x 6 in.)
84.XM.956.584
MARKS & INSCRIPTIONS: (Recto) signed at right below image, in ink, by Raad, *Walid Raad*; at l. right, Raad stamp I; at l. right, in pencil, *171/12* [underlined] *159*; (verso, mount) at center, Raad stamp I; at l. center, in pencil, *23* [circled]/*40% OFF/2 in. HEAD*; at l. left, in pencil, Samaha no. *L71.23(Raad)*.
REFERENCES: MAC, p. 45 (variant).

641.
[*Commission IV*]
1992-1994; printed ca. 2004
10.1 x 15.2 cm (4 x 6 in.)
84.XM.956.723
MARKS & INSCRIPTIONS: (Verso) at u. center, Raad stamp A; at l. left, in pencil, Samaha no. *L70.4 (Raad)*.
REFERENCES: MAC, p. 45 (variant).

648.
[*Commission IV*]
1992-1994; printed ca. 2004
10.1 x 15.2 cm (4 x 6 in.)
84.XM.956.588
MARKS & INSCRIPTIONS: (Recto) signed at l. right below image, in ink, by Raad, *Walid Raad*; at l. right, Raad stamp I; at l. right, Raad stamp I; at l. center, in pencil, *164/12* [underlined]/*152*; (verso, mount) at center, Raad stamp I; at l. center, in pencil, *27* [circled] *40% OFF/2 in. HEAD*; at l. left, in pencil, Samaha no. *L71.27(Raad)*.

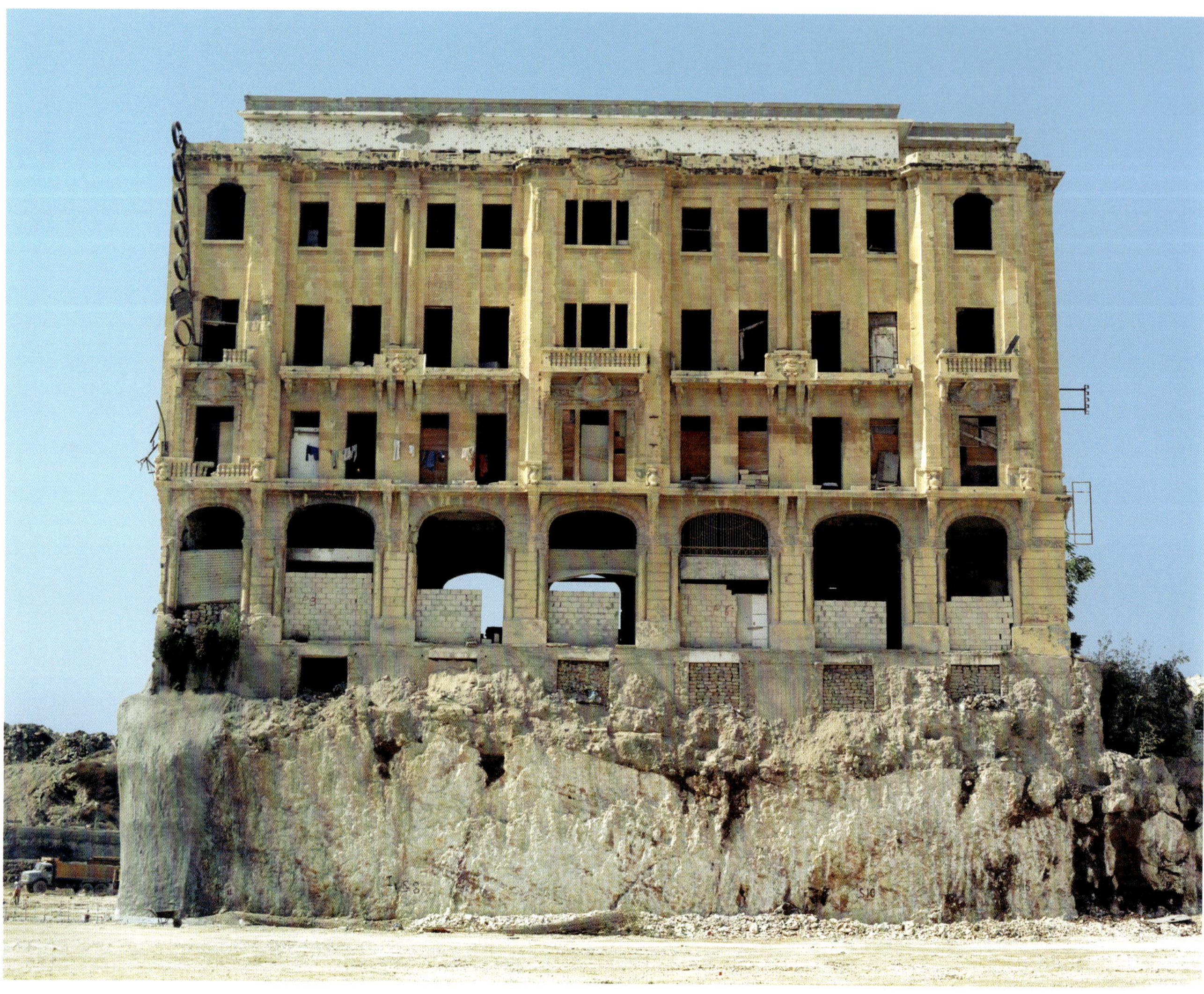

75.

75.
[Building, Beirut]
ca. 1997
22.1 x 14.5 cm (8 ³/₄ x 5 ¹¹/¹⁶ in.);
original mount: 22.6 x 16.4 cm (8 ⁷/₈ x 6 ¹/₂ in.)
84.XM.956.96
MARKS & INSCRIPTIONS: (Verso, mount) at
center, in black ink, by Raad, *no. 6/*
BUILDING DOWNTOWN/BY W.G.R/SPEARS
ST, BEIRUT/Architecture photo;
intended as/study of architecture/price of prints $150.-
; at u. left, in pencil, *#38*; at center, in pencil, ca.
1997; at l. left, in ink, arrow pointing to left/*crop*
white margins; at l. left, in pencil,
Samaha no. *L65.11 (Raad).*
REFERENCES: Samaha, no. 38.

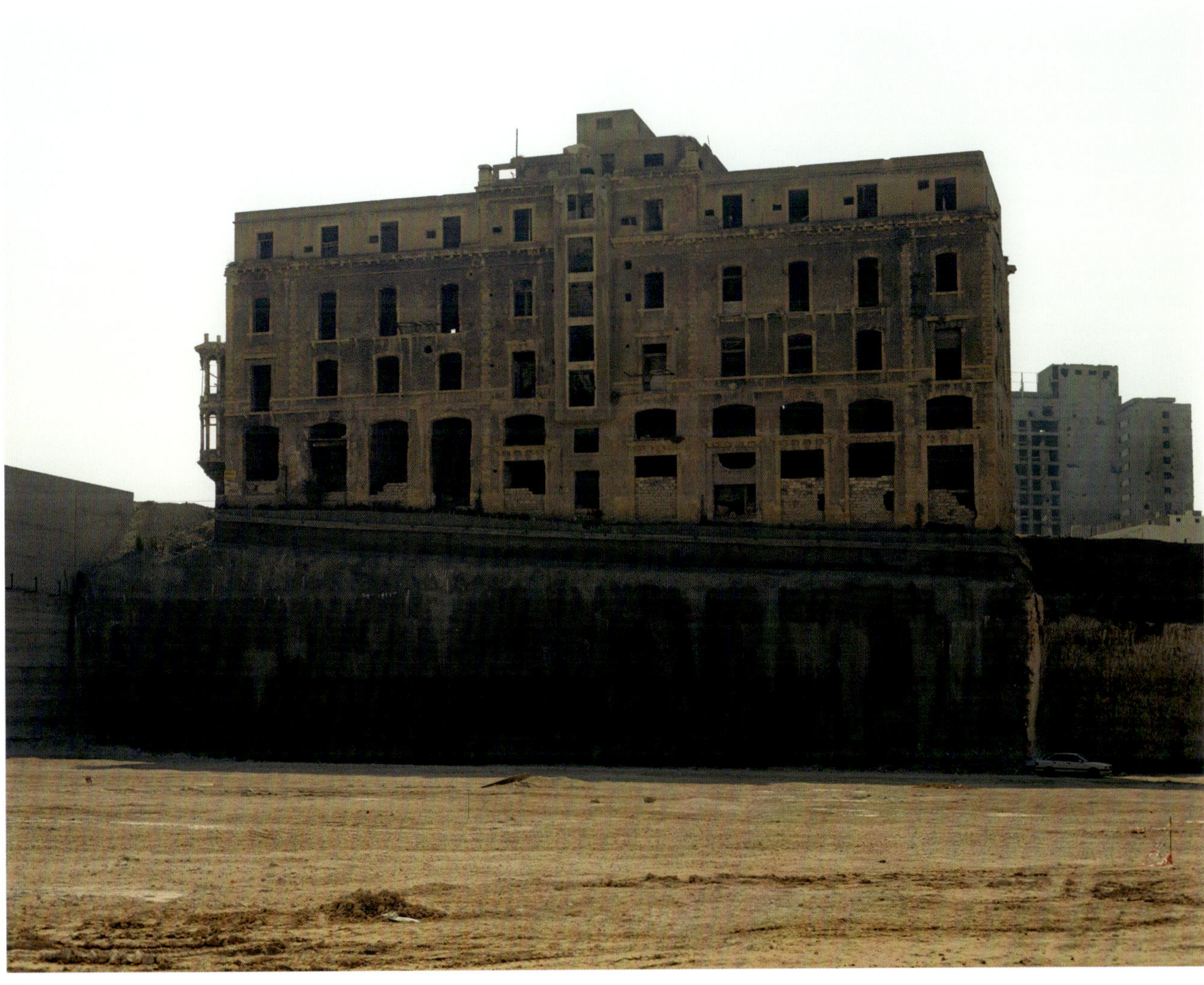

76.

76.
[Building, Beirut]
1997
6.2 x 3.8 cm (2 $^{7/16}$ x 1 $^{1/2}$ in.)
original window mat: 27.8 x 21.5 cm (11 x
8 $^{7/16}$ in.)
84.XM.488.2
MARKS & INSCRIPTIONS: (Recto, mat) signed
inside, in pencil below print, *Walid Raad*; at l.
left, in pencil, *BEIRUT/1997*; at l. right, by Raad,
Downtown/1997; (verso, mat) blindstamped out-
side at u. left, *BAINBRIDGE/DRAWING PAPER
N. G-61*; at bottom
center, in pencil, *650*; at l. right, in pencil,
Samaha no. *W. Raad 13* [space] 7.
PROVENANCE: G. S. Salamoun; F. B. Baaklini.

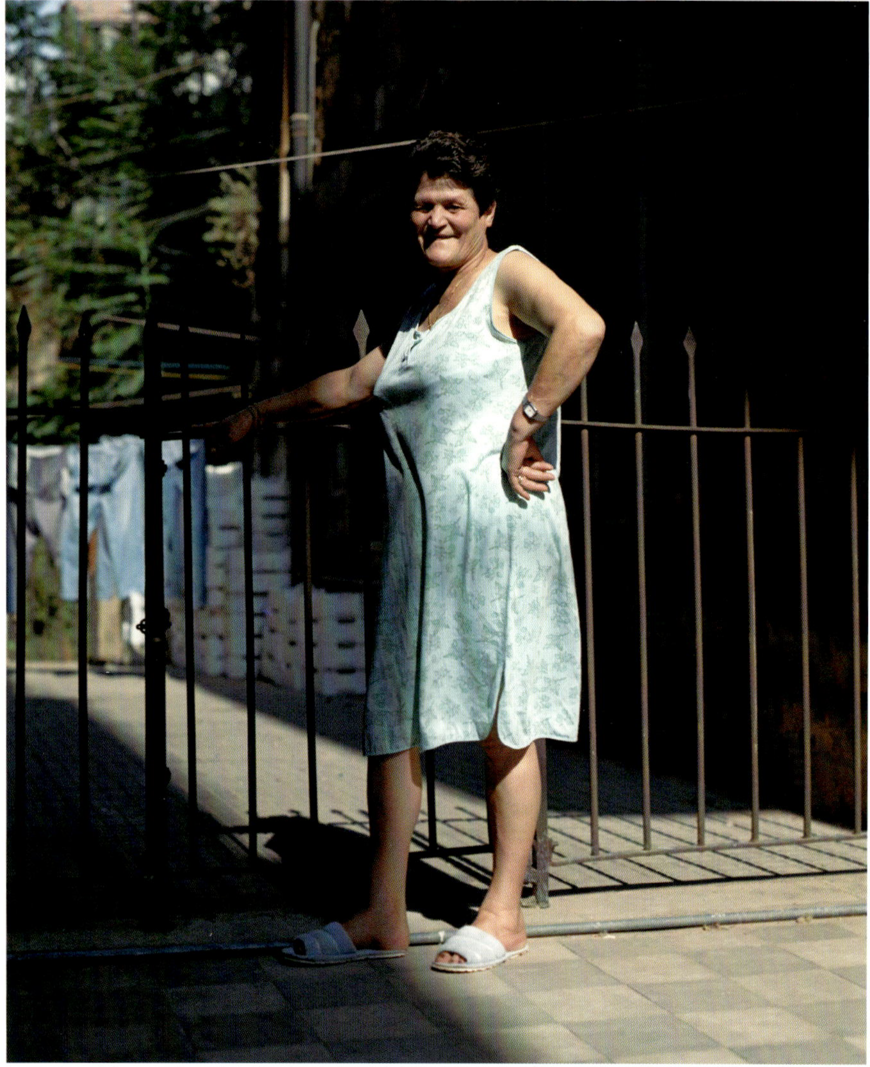

61.

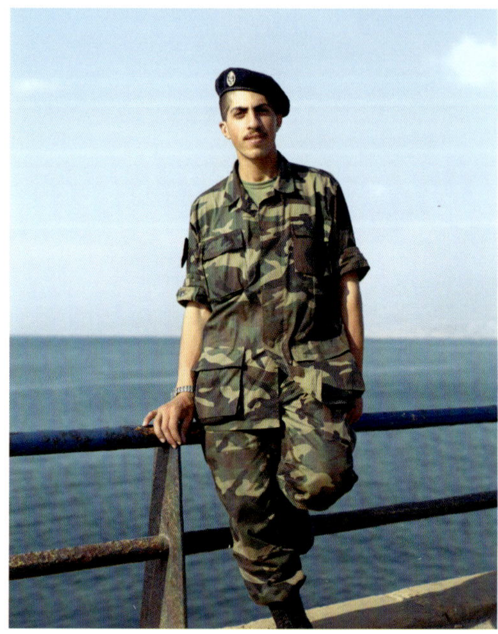

62.

61.
[*Portrait, Beirut*]
ca. 1997
20.1 x 15.1 cm (7 $^{29/32}$ x 5 $^{15/16}$ in.)
84.XM.956.243
MARKS & INSCRIPTIONS: (Verso) signed and
dated at l. center, in pencil, by Raad, *Walid
Raad/1997*; at l. right, in pencil, *E 3* [3 crossed
out] and *E 2* [2 circled], at l. left, in pencil,
Samaha no. *L66.139* and Samaha stamp.
REFERENCES: *LEBANON, pl. 25 (variant); FAL,
p. 26 (Variant); BEIRUT, p. 78.

62.
[*Portrait, Beirut*]
1997
17.7 x 12.7 cm (7 x 5 in.)
84.XM.956.254
MARKS & INSCRIPTIONS: (Verso) at l. right, Raad
stamp A; at l. left, Samaha no. *L66.30.*
REFERENCES: *Beirut, p. 44 (variant);
LEBANON, pl. 2 (variant); Haddad, p. 5
(variant); FAL, p. 37 (Variant).
NOTE: Not illustrated; variant of no. 303.

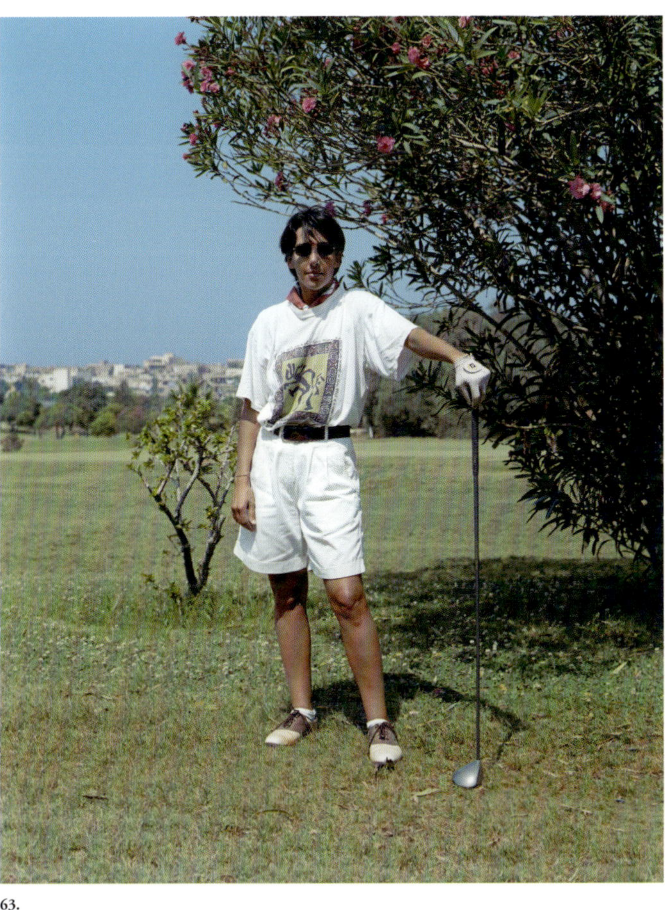

63.

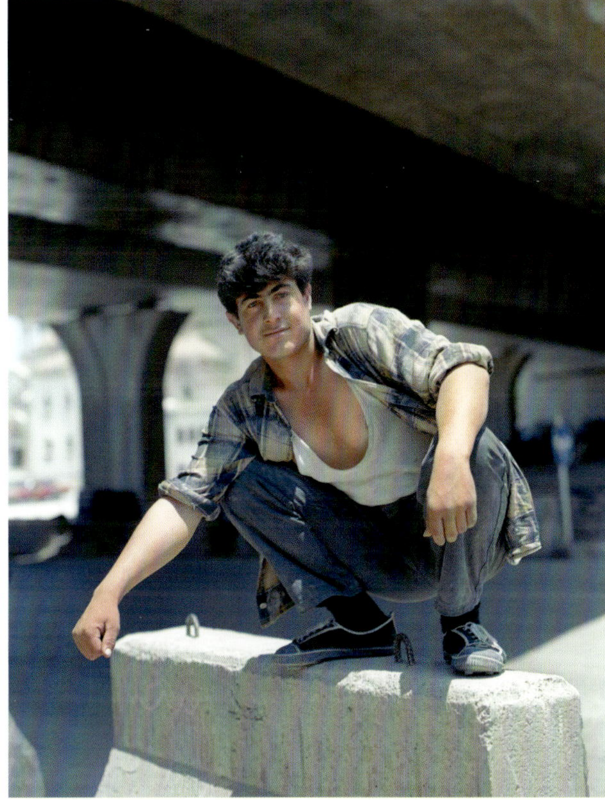

64.

63.
[*Portrait, Beirut*]
1997
19.5 x 13.2 cm (7 $^{11/16}$ x 5 $^{7/32}$ in.) [on original
mount trimmed to image]
84.XM.488.465
MARKS & INSCRIPTIONS: (Verso) at l. center, Raad
stamp F; at center, Raad stamp B; at u. center,
in pencil, *1-30*; at l. left, in pencil, Samaha no.
L68.19 (Raad).
REFERENCES: *AMP, Part I, no. 30; BEIRUT, p.
32 (variant).

64.
[*Building, Beirut*]
1997
13.7 x 20 cm (5 $^{3/8}$ x 7 $^{7/8}$ in.)
84.XM.956.255
MARKS & INSCRIPTIONS: (Verso) titled and signed at
center, in black ink, by Raad, *SYRIAN
WORKER/Walid Raad*; at right center, Raad
stamp A; at l. left, in pencil, Samaha no. *L66.29.*

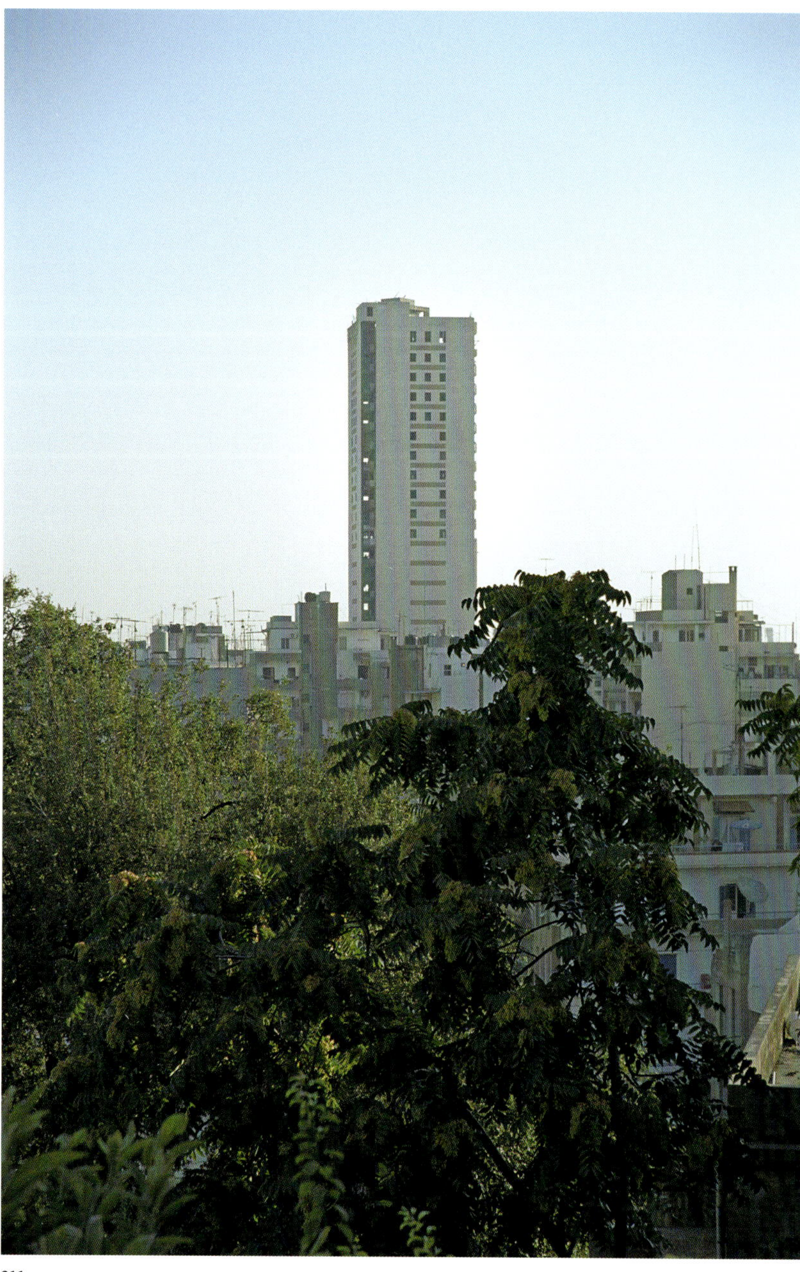

211.

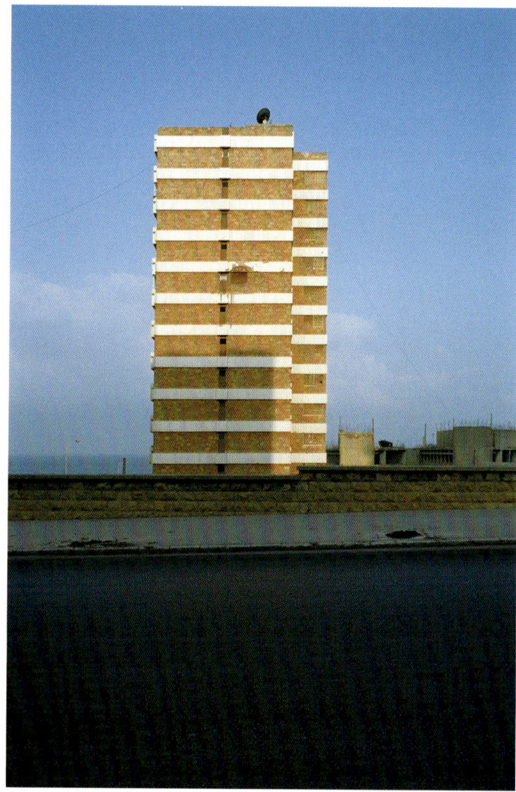

212.

211.
[*Building, Beirut*]
2005
23.5 x 14.2 cm (9 $^{9/32}$ x 5 $^{19/32}$ in.)
84.XM.956.698
MARKS & INSCRIPTIONS: (Verso) at l. right, Raad
stamp B; at l. left, in pencil, Samaha no.
L78.14(Raad).

212.
[*Building, Beirut*]
2005
23.5 x 15.8 cm (9 $^{9/32}$ x 6 $^{1/4}$ in.)
84.XM.956.162
MARKS & INSCRIPTIONS: (Verso) at l. right, Raad
stamp B; at l. left, in pencil, Samaha no.
L66.83(Raad).
REFERENCES: *LEBANON, pl. 31 (variant);
**BEIRUT, p. 111 (variant).

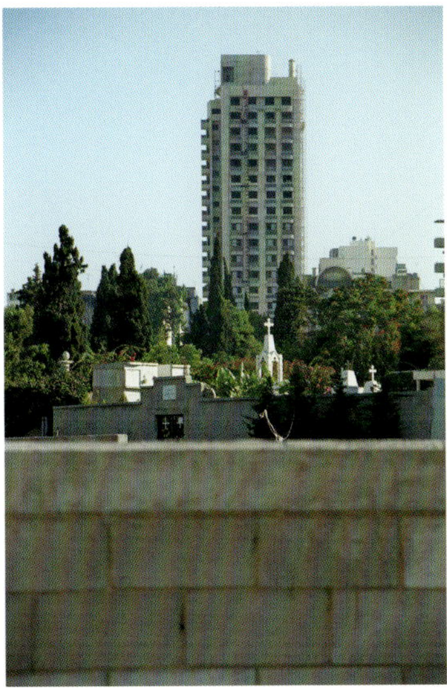

213.

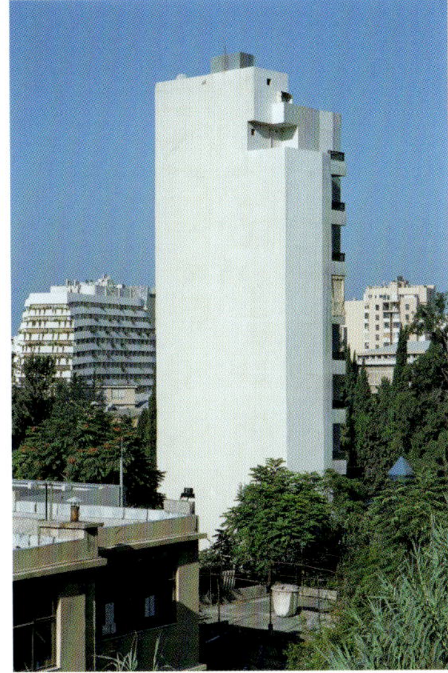

214.

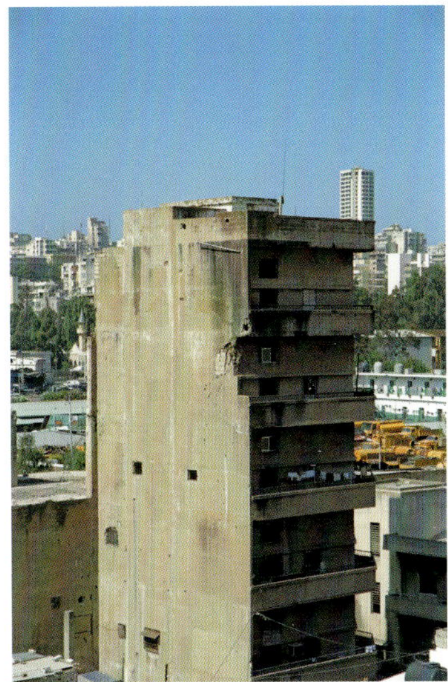

215.

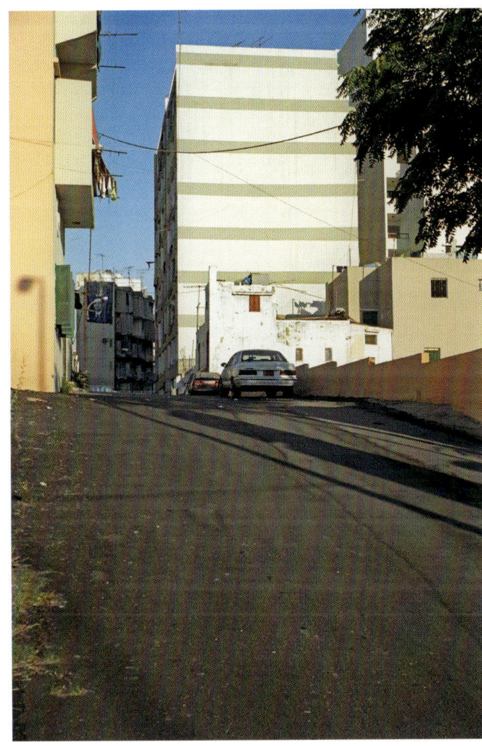

216.

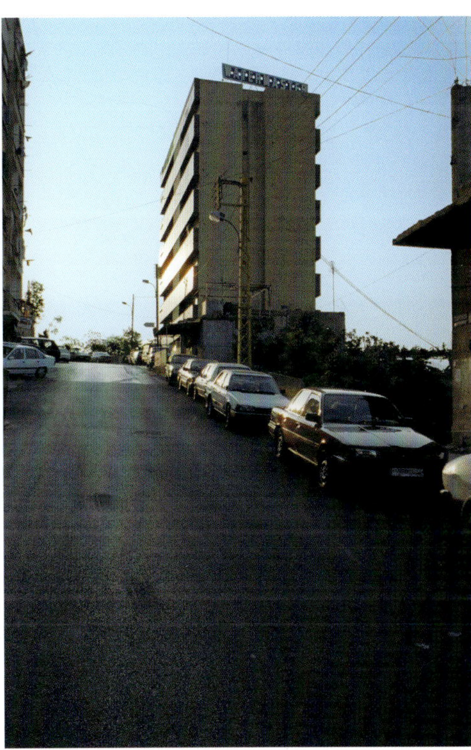

217.

213.
[*Building, Beirut*]
2005
23.2 x 14.8 cm (9 1/8 x 5 13/16 in.) [on original
mount trimmed to image]
84.XM.956.843
MARKS & INSCRIPTIONS: (Verso) at l. center, Raad
stamp A; at l. left, in pencil, Samaha no.
L66.104(Raad).

214.
[*Building, Beirut*]
2005
24.5 x 18.2 cm (9 5/8 x 7 3/16 in.) [on
original mount trimmed to image]
84.XM.956.162
MARKS & INSCRIPTIONS: (Verso) at right center,
partial Raad stamp A; at l. left, in pencil,
Samaha no. *L66.115(Raad).*
REFERENCES: *LEBANON, pl. 36 (variant);
**BEIRUT, p. 117 (variant).

215.
[*Building, Beirut*]
2005
23.5 x 15.8 cm (9 9/32 x 6 1/4 in.)
84.XM.956.162
MARKS & INSCRIPTIONS: (Verso) at l. right, Raad
stamp B; at l. left, in pencil, Samaha no.
L66.83(Raad).
REFERENCES: *LEBANON, pl. 31 (variant);
**BEIRUT, p. 111 (variant).

216.
[*Building, Beirut*]
2005
18.8 x 11.3 cm (7 13/32 x 4 15/32 in.);
original mount: 22.8 x 15.6 cm (8 31/32 x
6 5/32 in.)
84.XM.956.216
MARKS & INSCRIPTIONS: (Verso, mount) at center,
Raad stamp B; at l. left, in pencil, Samaha no.
L66.105(Raad).
REFERENCES: *LEBANON, pl. 31 (variant);
**BEIRUT, p. 111 (variant).

217.
[*Building, Beirut*]
2005
20.1 x 15.3 cm (7 15/16 x 6 1/16 in.);
original mount: 23.2 x 18.6 cm (9 1/8 x
7 3/8 in.)
84.XM.956.149
MARKS & INSCRIPTIONS: (Recto, mount) signed at
l. right, in pencil by Raad, *Walid Raad*; (verso,
mount) at l. right, Raad stamp A; at l. left, in
pencil, Samaha no. *L66.70(Raad).*
REFERENCES: *LEBANON, pl. 3 (variant);
**BEIRUT, p. 71.

Scratching on Things I Could Disavow:
A History of Art in the Arab World
Part I_Chapter One[3]

3 En 2007, j'ai commencé un projet artistique portant sur l'histoire de l'art dans le monde arabe. Ce projet
   aborde l'histoire des arts visuels au Liban et le développement accéléré de nouvelles structures dédiées à
   l'art dans le monde arabe. De plus, en m'appuyant sur les textes de Jalal Toufic et son concept de « retrait
   de la tradition après un désastre démesuré », je m'intéresse à la façon dont la culture et la tradition du
   monde arabe ont été affectées, matériellement et immatériellement, par les différentes guerres qui y ont
   été menées par des puissances internes et externes.

Section 139:
The Atlas Group (1989–2004), 2008
De 1989 à 2004, j'ai travaillé sur un projet intitulé
The Atlas Group. Il s'agissait de photographies,
de vidéos et de sculptures inspirées des guerres
du Liban des dernières décennies.

En 2005, on m'a demandé pour la première fois
d'exposer ce projet dans la première galerie de type
white cube à Beyrouth. J'ai refusé.

En 2006, on me l'a encore demandé. J'ai
encore refusé.

En 2007, on me l'a encore demandé. J'ai
encore refusé.

En 2008, on me l'a encore demandé. J'ai accepté.

Quand je suis allé à la galerie inspecter mon
exposition, j'ai découvert avec surprise que toutes
mes œuvres avaient été réduites au centième de
leur taille originale. Les photos, vidéos et sculptures
avaient rétréci. J'ai décidé de les présenter dans un
espace qui convienne à leur nouvelle dimension.

Voir page 96–97

Appendix XVIII:
Plates 24–151, 2010
Les guerres libanaises des trente dernières années
ont affecté les habitants du Liban physiquement
et psychologiquement : plus de cent mille personnes
ont été tuées, plus de deux cent mille blessées,
plus d'un million déplacées, et un nombre encore
plus important de personnes a été traumatisé
psychologiquement. Bien entendu, ces guerres ont
aussi affecté les villes libanaises, leurs bâtiments et
leurs institutions.

Il m'apparaît clairement aujourd'hui que ces guerres
ont aussi affecté les couleurs, les lignes, les formes
et les contours. Certains ont été affectés de façon
matérielle et, comme les livres brûlés ou les monuments
rasés, ont été physiquement détruits et à jamais perdus.
D'autres, comme les trésors pillés ou les oeuvres d'art
politiquement compromises, restent physiquement
intacts mais ne sont plus visibles, et ne le seront
peut-être jamais plus. Cependant, d'autres encore,
sentant le danger venir, déploient des measures
défensives : ils se cachent, trouvent refuge, hibernent,
se camouflent et/ou se dissimulent.

Je m'attendais à ce qu'ils se cachent dans les œuvres
des artistes du passé. Je pensais que leurs tableaux,
sculptures, films, photos et dessins seraient leurs hôtes
les plus accueillants. J'avais tort. Les couleurs, les
lignes, des formes et les contours ont en fait trouvé
refuge dans des lieux inattendus : ils se sont cachés
dans les lettres et les chiffres romains et arabes ; dans
les cercles, les rectangles et les carrés ; dans le jaune,
le bleu et le vert. Ils se sont dissimulés dans les polices,
les couvertures, les titres et les index ; dans les courbes
de graphiques et les notes de bas de page ; ils se sont
camouflés dans les correspondances, les thèses et
les catalogues, dans les diagrammes et les feuilles
de calcul. Ils ont hiberné non pas dans les « œuvres »,
mais autour d'elles. Ce sont ces couleurs, lignes, formes
et contours qui composent les planches présentées
sur ce mur.

Voir page 98–107

Index XXVI:

Artists, 2010

Cette œuvre présente les noms d'artistes ayant travaillé
au Liban au siècle dernier. En 2002, les artistes du futur
m'ont envoyé ces noms par télépathie, et/ou insertion
de pensée, et/ou grâce à une technologie du futur.
La même année, j'ai exposé ces noms à Beyrouth
en lettres de vinyle blanches sur un mur blanc.

À cause d'une interférence télépathique ou liée
à l'insertion de pensée, et/ou d'une avarie technique,
certains noms me sont parvenus sous une forme
altérée, et ont été mal orthographiés. Un critique
peu indulgent, gardien auto-désigné de l'art et des
artistes libanais, a corrigé ces noms au crayon rouge.

J'ai passé les trois dernières années à mener des
recherches sur la vie et l'œuvre des artistes aux noms
mal orthographiés, et j'en ai finalement conclu que
les artistes du futur avaient intentionnellement déformé
ces noms. Ils ne saluaient pas les « artistes » du passé
et leurs œuvres, mais la couleur rouge des corrections
manuscrites du critique.

Les artistes du futur veulent cette couleur, ou ont
besoin d'elle, parce qu'elle n'est plus disponible pour eux.

La couleur rouge n'est-elle plus disponible pour
les artistes du futur parce que les pigments qui
la constituent sont épuisés ou détruits ? Non, les
pigments sont toujours très abondants. La couleur
rouge n'est plus disponible pour les artistes du futur
parce que la couleur s'est immatériellement retirée.

Voir page 108–109

Section 88:

Views from Outer to Inner Compartment, 2010

À l'ouverture d'un nouveau musée d'art dans une
ville arabe, un fier habitant se précipite sur les lieux
mais se rend compte qu'il ne peut pas franchir l'entrée.

Est-ce parce qu'il porte des vêtements décontractés
alors qu'une tenue correcte est exigée ? Non.

Est-ce que les malfrats qui protègent la dynastie
régnante (qui assiste à l'événement en masse pour faire
montre de leur bienveillance et de leur sensibilité
raffinée, suivis par les futurs dirigeants en pleine
puberté) lui bloquent l'accès ? Non.

Il a simplement l'impression que s'il entrait,
il se heurterait sans doute à un mur.

À l'instant même, il se retourne vers la foule
empressée et crie : « Arrêtez. N'entrez pas.
Faites attention. »

En l'espace de quelques secondes, il est retiré du site,
durement battu et envoyé dans un hôpital psychiatrique.

Ces événements se produiront entre 2014 et 2024
dans une ville arabe. Dans les journaux du lendemain,
on lira le titre suivant : « Un déséquilibré perturbe
l'ouverture : il affirme que le monde est plat. »

Voir page 110–113

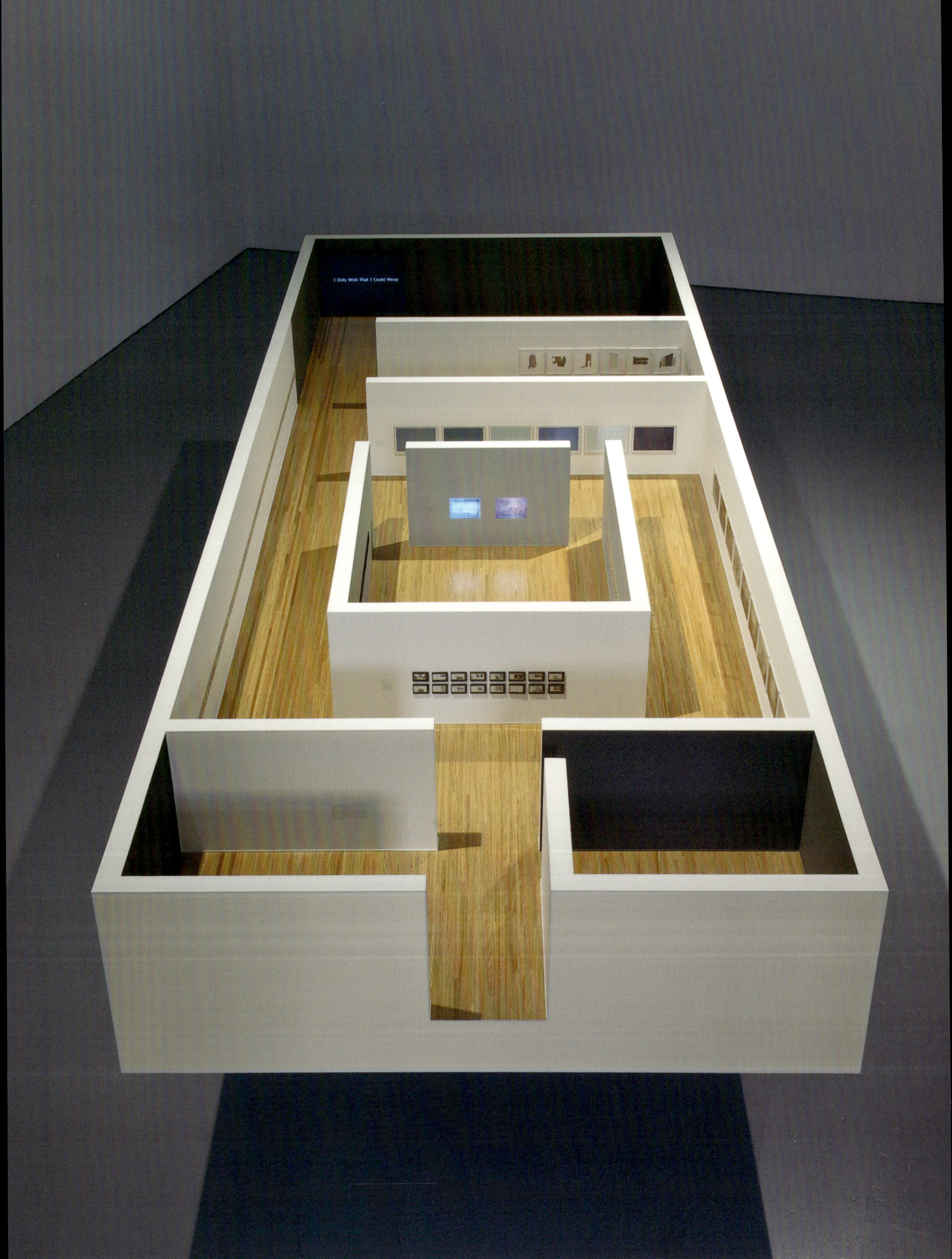
I Only Wish That I Could Weep

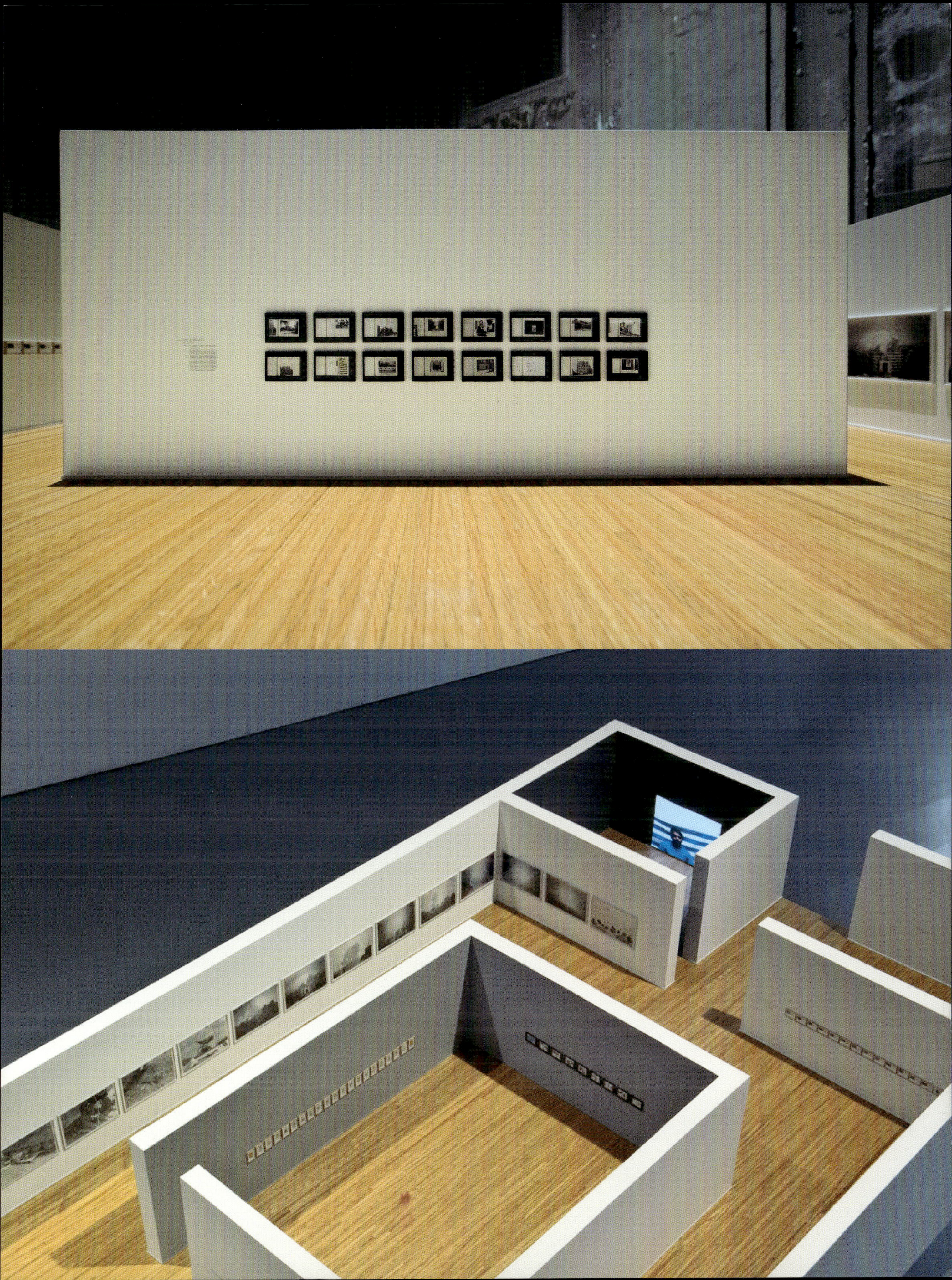

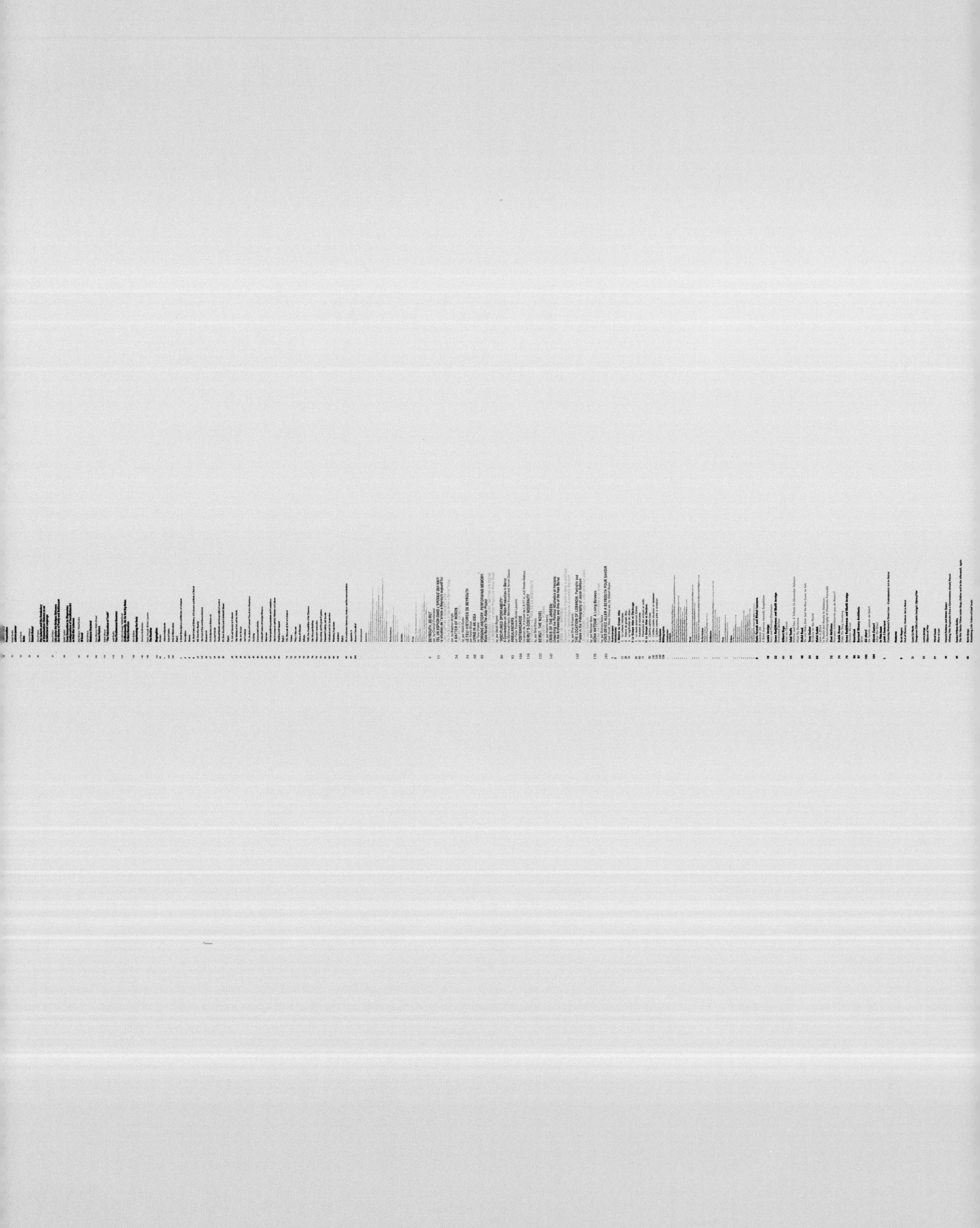

BEYROUTH_BEIRUT
par by Chucri Pardinand
TEL UN ESPOIR DANS L'EPOQUE QUI NAIT
la situation de l'artiste à Beyrouth aujourd'hui
by Stephen Wright
A MATTER OF WORDS
by par Walid Sadek
LE FEU HISTOIRES DE BEYROUTH
par Robin Mroué
LIVING IS AN IDEA
by Tony Chakar
FORGING HISTORY, PERFORMING MEMORY:
Walid Raad's The Atlas Project
by par Sarah Rogers
"DISCIPLINED SPONTANEITY"
A Conversation on Video Production in Beirut
by Mahmoud Hojeij, Mohamed Soueid and Akram Zaatari
AMBULANCIERS
par Paola Yacoub Michel Lasserre
POSTWARCARDS
Un projet de A project by I.E.F? s.l. and Amale Andraos
BEIRUT'S COSTLY MODERNITY
by par Bilal Khbeiz
BEIRUT, THE NOVEL
by par Hazem Saghi
CRISIS OF THE UNSEEN:
Unearthing the Political Aesthetics of Hysteria
in the Archaeology and Arts of the New Beirut
by par Dina Al-Kassim
THE LOCATION OF LEBANON: Portraits and
Places in the Videography of Jayce Salloum
by par Rasheed Araeen
MONA HATOUM: A Living Between
by par Rasheed Araeen
VOUS DEVEZ ALLER A BEYROUTH POUR SAVOIR
Essai Visual Visual Essay par by Gilbert Hage
Avant-propos
Introduction
I. Nature de la Coupe Asla
II. La Coupe Asla et l'Ardéage
III. Le Coupe Asla et l'Ordóñez
Conclusion
Bibliographie

Paola Yacoub and Michel Lasserre
Sadness 23
A Belief Morskoy research Suspicions
Lamia Joreige
Ruse and Perhaps Elsewhere
Joana Hadjithomas and Khalil Joreige
Distracted Bullets
Gilbert Hage
Tout un Décor
Jalal Toufic
Belltwo and Sex: A Tribute to Alexander Schams
Must My Business
Walid Raad
We are Place Just but We Dare Come to Ask
Tony Chakar
Shadow in the World
Walid Sadek
Love At First
Is Really Just Beauty in Sickness
The Archaeology of Rumour: Aftermath
Ziad Abillama
Pourquoi n'éteintrie pas de Hatoum?
Rabih Mroué
Hide Do Stop Smoking
Joana Hadjithomas and Khalil Joreige
Wonder Beirut
Bernard Khoury Architects
B018
Ali Cherri
Un Terrific amour de Beirut
Akram Zaatari
After the Blast
In The Sun
Jamil J. Andraos
Crossing Memory's Beam line — Contemporary Art in Beirut
Features
Tom Regan
Out of History Protest Art in Beirut
Lara U. Petri
Program Critic Lana Joseph Objective-Fine
Lana Joreige
Objects of Fire

Beirut, July 20, 2004.

In the name of the Lebanese Government, I would like to apply as Minister of Culture for a National participation in the upcoming Biennale delle Arte in June 2005.

I am aware that we do not have a National pavilion and I would be grateful for your help in finding a place where we could make our presentation.

I am also aware that we will have to finance this project ourselves.

I would like to nominate as curators for this project: Mrs. Dr. Andrée Sfeir-Semler and Mrs. Nora Joumblatt.

The curators have already chosen the artists to represent our country for this National participation to the Biennale.

They are: Walid Raad and Bernard Khoury.

Looking forward to the pleasure.

CONTEMPORARY ART PRACTICES IN POSTWAR LEBANON
CONTEMPORARY ART PRACTICES IN POSTWAR LEBANON

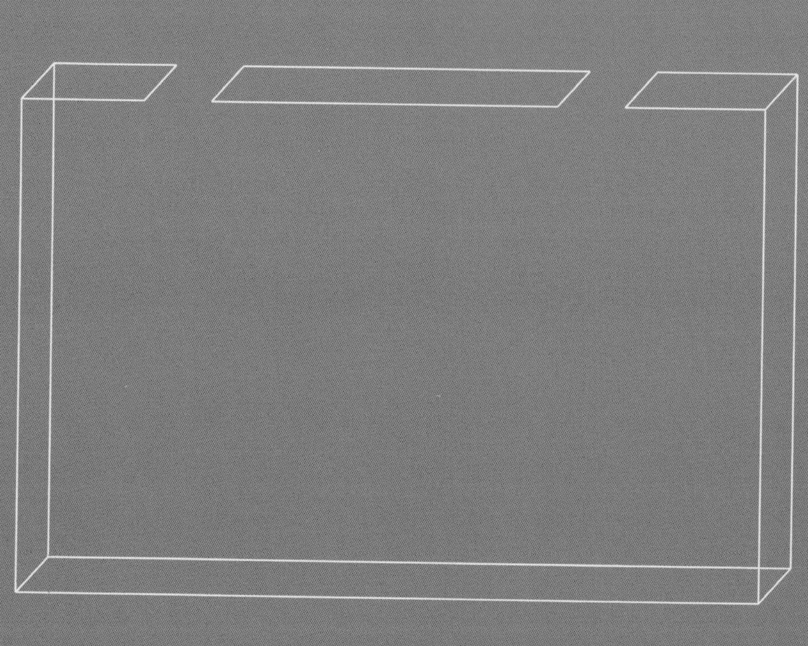

DONATEUR DU MUSEE   واهب المتحف

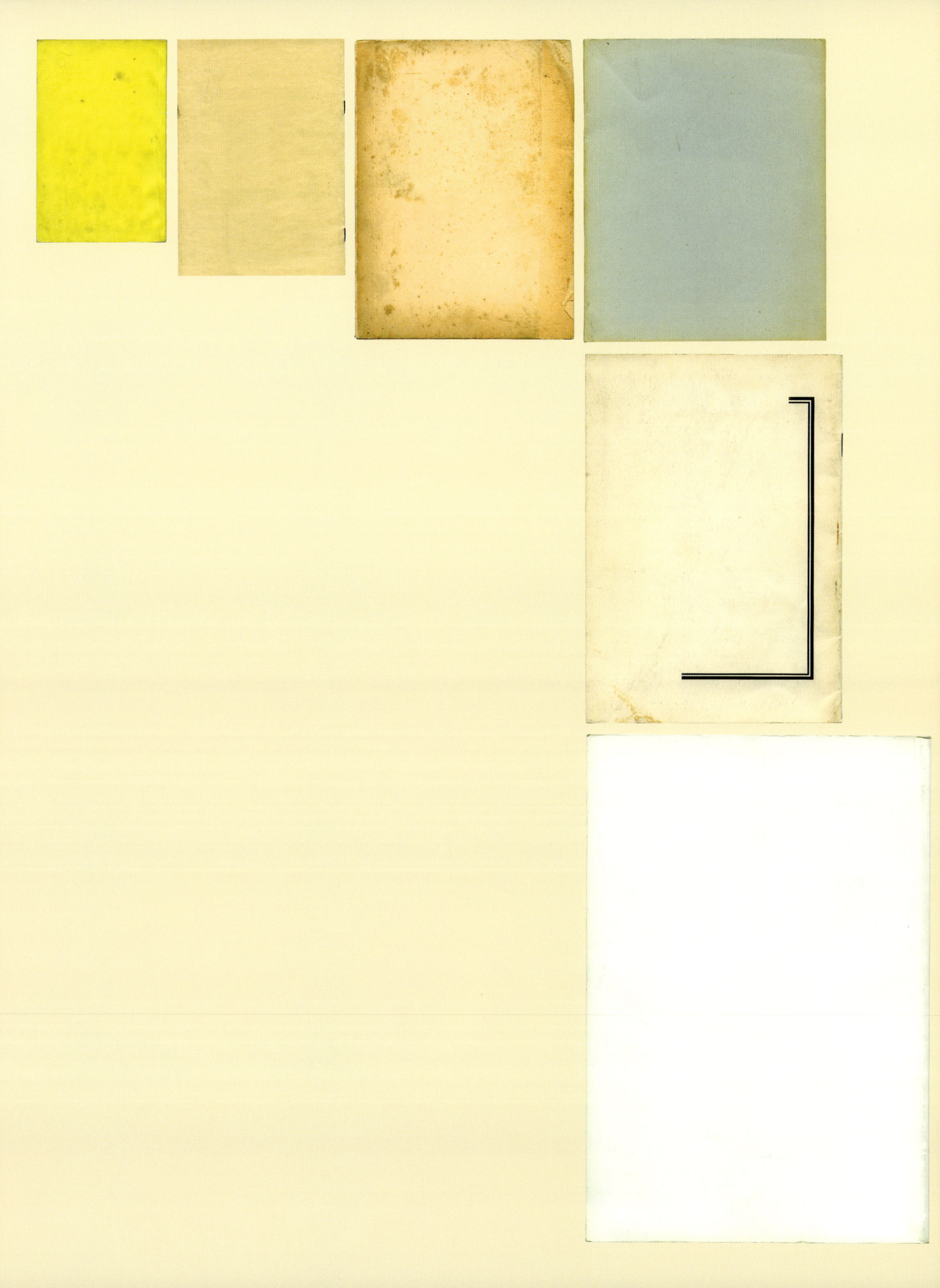

ج سير ويوسف حويك ومازديورس الت

طحّان

سليم عورا و جوني طهان و خليل عقل وج

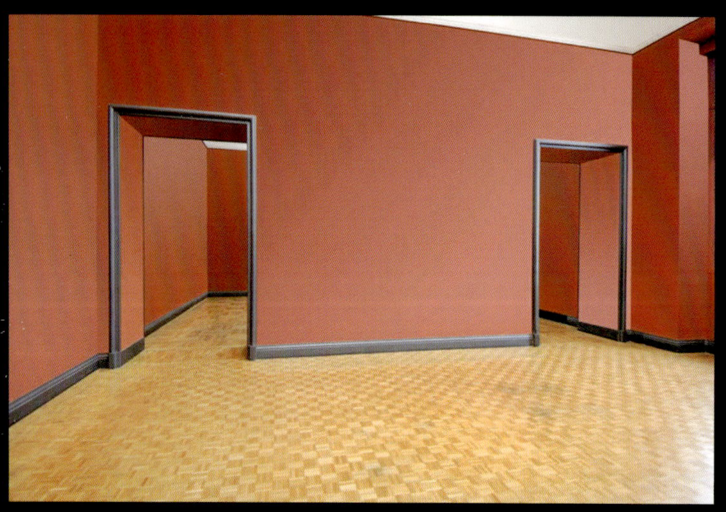

1:05

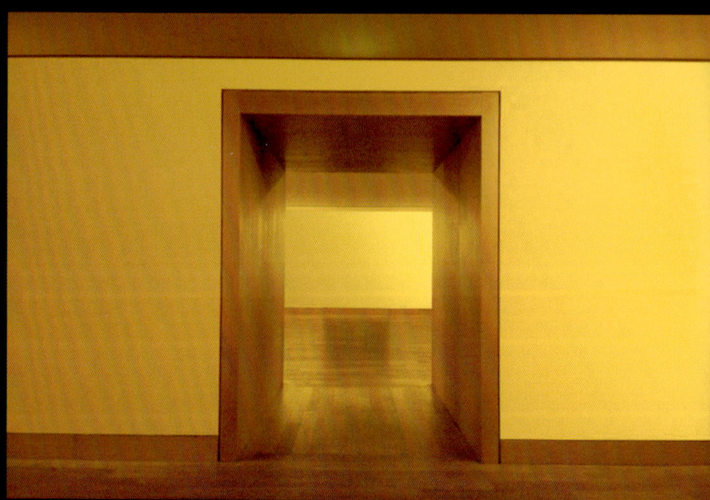

2:47

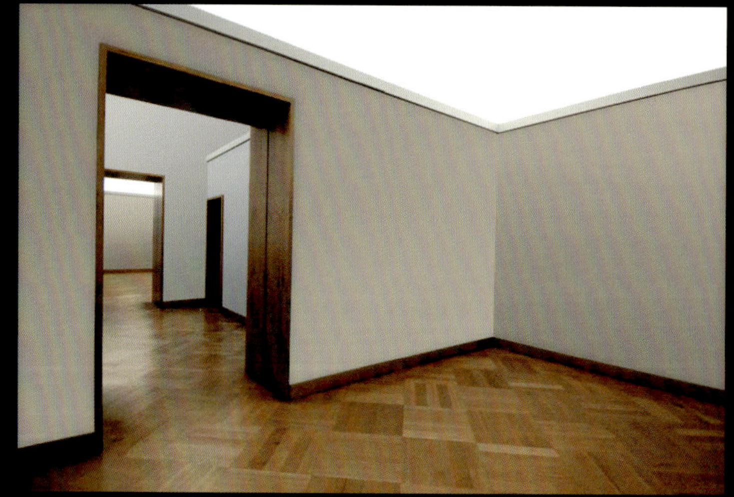

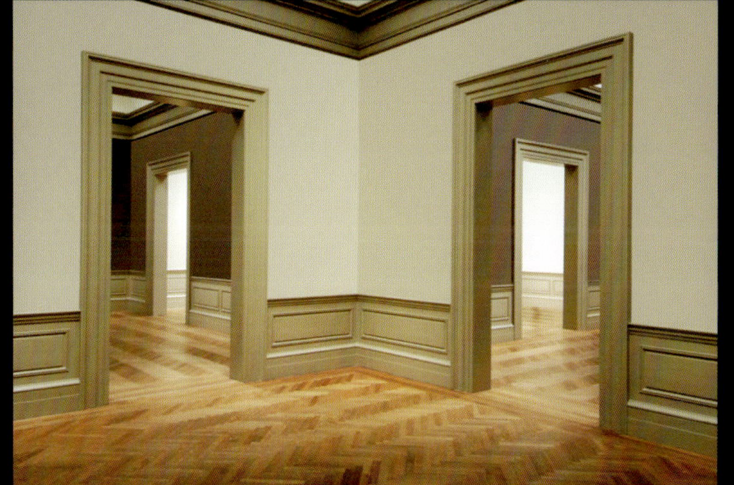

7:24

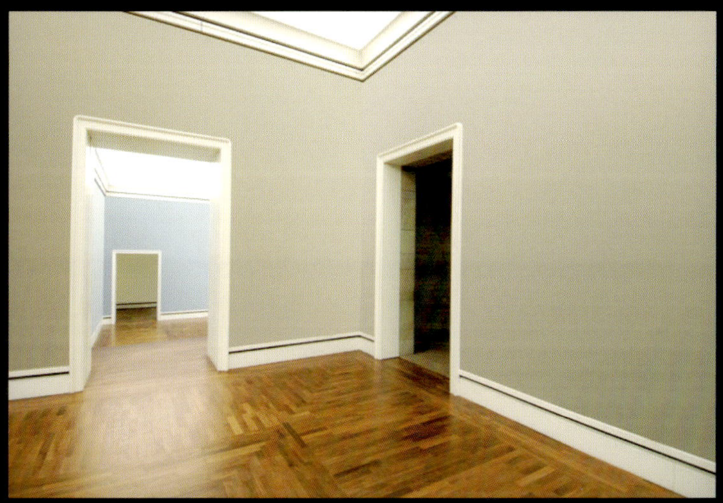

9:56

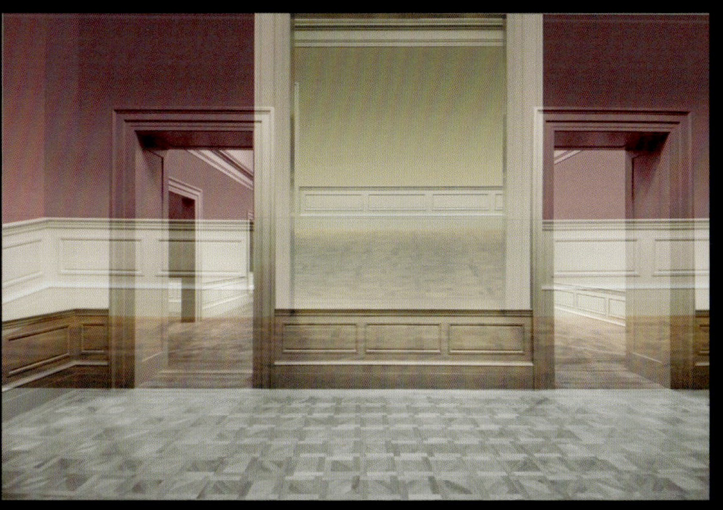

12:03

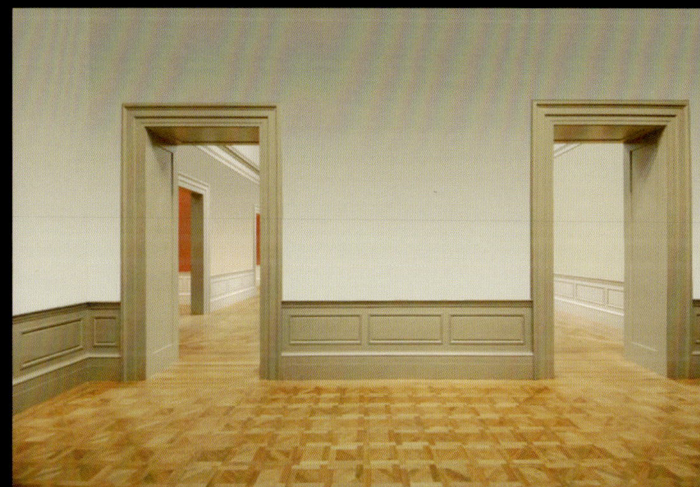

13:52

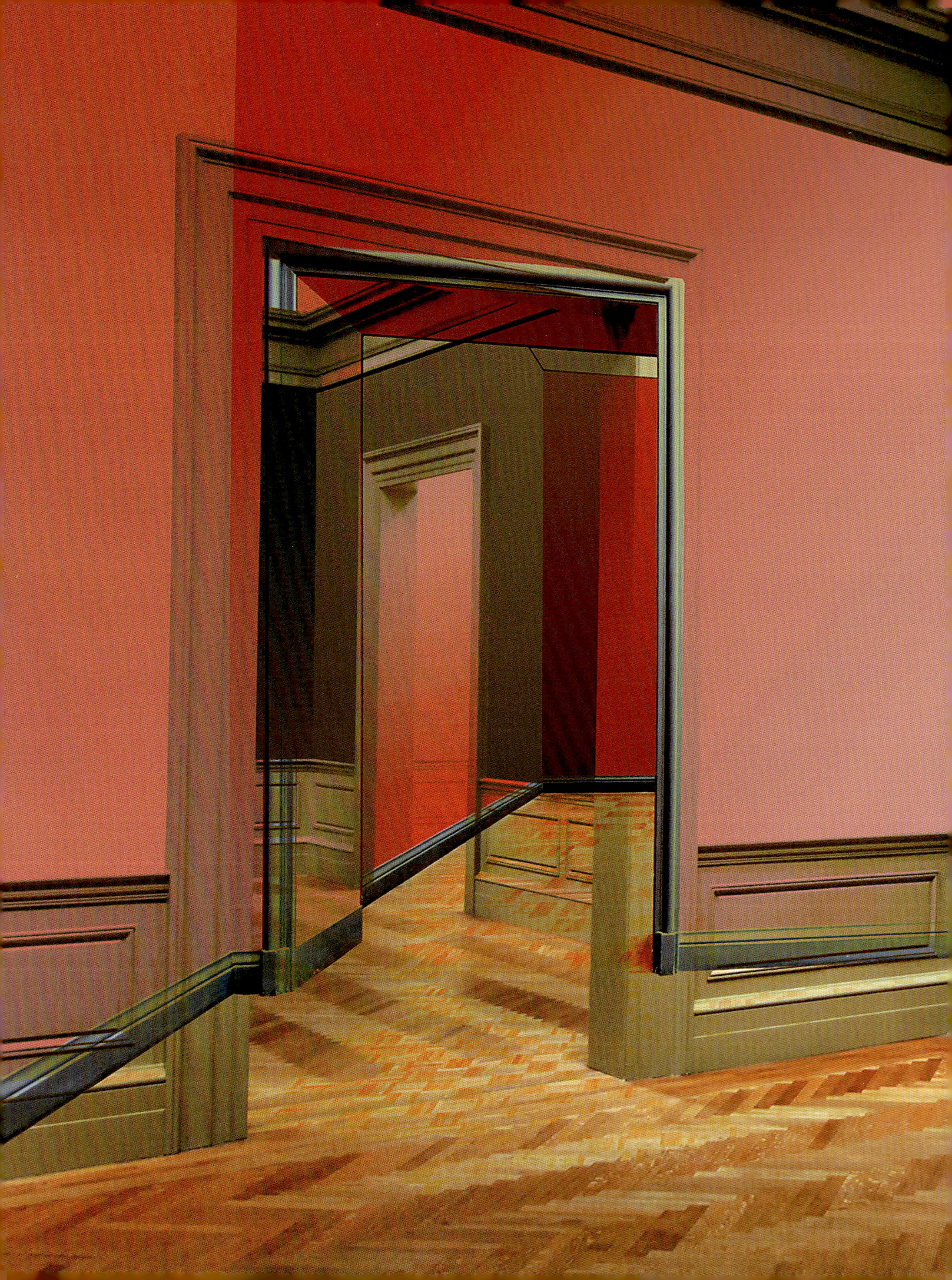

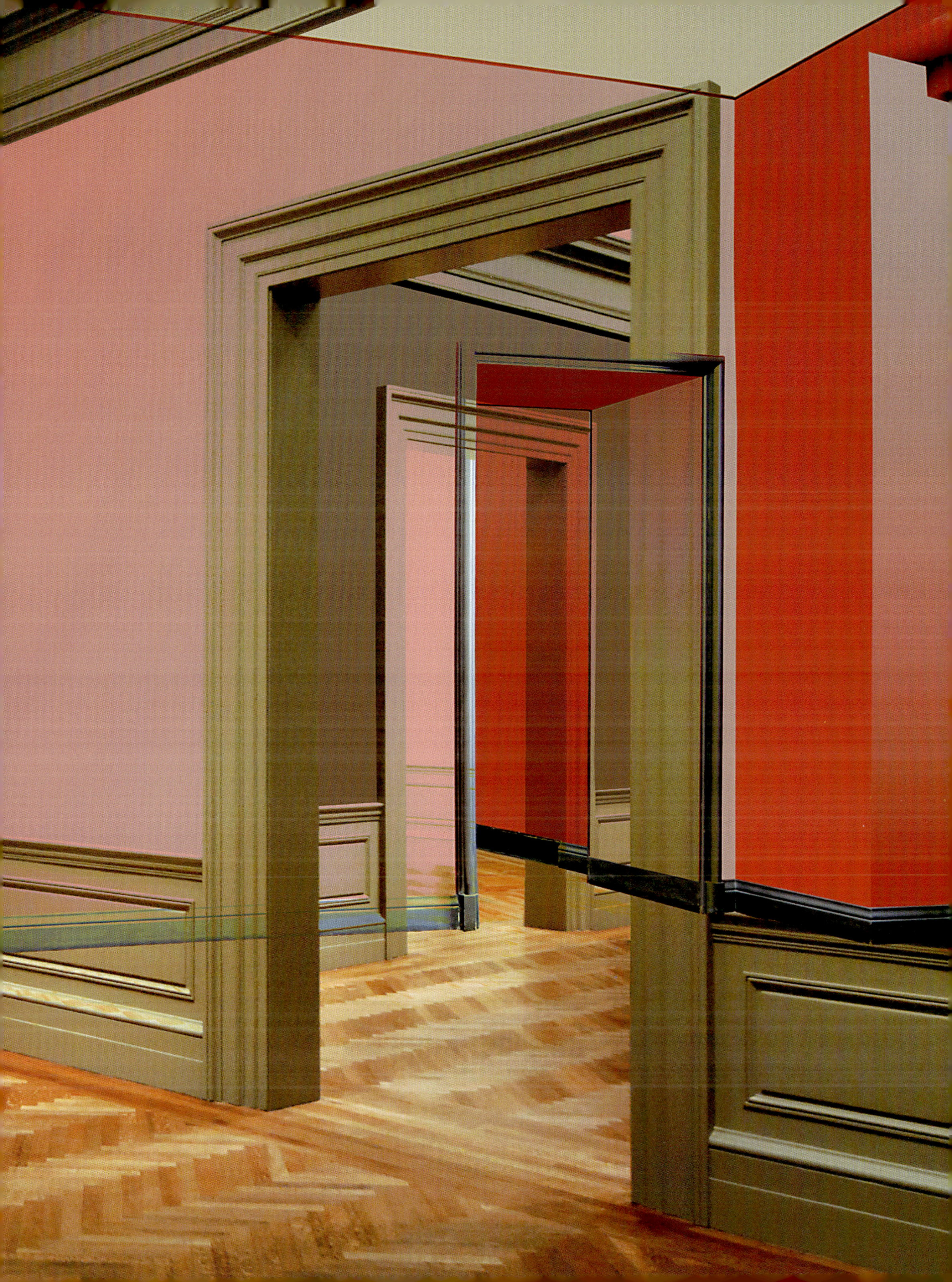

Une cosmologie de fragments

Alan Gilbert

Si les traumatismes et les catastrophes du XXe siècle ont mis à mal la conception moderne et européenne d'une histoire faite d'étapes toujours plus perfectibles, l'écriture de l'histoire n'a pas toujours pris en compte cette rupture. Peut-être parce qu'il est presque impossible de décrire simultanément l'histoire et son interruption. Pourtant, c'est précisément ce que Walid Raad tente de faire depuis vingt ans avec obsession, patience, passion, et même un certain héroïsme. Le fait que l'échec soit partie prenante de ce processus participe de la séduction qu'exerce l'œuvre de Raad, comme sa beauté subtile et formelle. Si l'interruption de l'histoire, qu'elle soit personnelle ou collective, est souvent la conséquence d'un désastre, diverses traditions – séculières et autres – considèrent la rupture historique comme le début d'une nouvelle époque et d'une nouvelle ère.

L'art de Raad cherche à illustrer les ravages, à un niveau individuel et social, qui suivent la rupture du continuum historique, mais il montre aussi toujours que cette rupture peut être le moyen même d'échapper à une histoire traumatisante. Jusqu'à ce qu'il porte récemment son attention sur l'art du monde arabe, Raad développait et précisait ses idées en les plaçant dans la situation concrète des guerres civiles du Liban, menées de 1975 environ à 1990. Cependant, les conditions présidant aux guerres et au conflit depuis (le conflit entre Israël et la Syrie, les assassinats politiques ou les querelles de pouvoir intestines par exemple) ont incité certains à se demander si les guerres n'étaient pas en réalité toujours en cours, bien qu'à une échelle relativement plus réduite. L'œuvre de Raad reflète cette stratification des faits psychiques et sociaux qui perdurent depuis les guerres civiles les plus anciennes jusqu'aux troubles présents.

Par exemple, *"Oh God," he said, talking to a tree* (2004/2008) est une série de trente et un tirages, montrant chacun un petit panache de fumée découpé numériquement et placé sur un fond blanc brillant. Il se trouve qu'il s'agit d'images de la guerre entre Israël et le Hezbollah, pendant l'été 2006. Aucune des photographies n'a été prise par Raad, bien que l'œuvre ne le dise pas explicitement. Raad les a détournées à partir de différentes sources médiatiques. La netteté sérielle de l'œuvre doit à l'évidence beaucoup aux conventions du minimalisme et de l'art conceptuel, comme à des tendances plus récentes de l'appropriation ; et pourtant, son aspect le plus frappant est la répétition, à laquelle s'ajoute la qualité réduite des images de nuages, representations plus évidentes de la guerre. La répétition, comme l'a montré la théorie du traumatisme, est la façon dont l'expérience traumatique à la fois se déguise et se manifeste comme symptôme.

Cet aspect formel de *"Oh God," he said, talking to a tree*, avec son imagerie dédramatisée de la guerre, renvoie à des conflits libanais passés, présents, et peut-être futurs. Depuis plus de dix ans, Walid Raad réalise des œuvres dans cette veine sous l'égide de *The Atlas Group*, une fondation et un fond d'archives imaginaires, qui collecte, sponsorise et produit occasionnellement des œuvres documentant de façon indirecte les guerres civiles du Liban. Bien que Raad ait réalisé tous ces matériaux, il les attribue à diverses personnes, dont un certain Dr. Fadl Fakhouri. Au fil du temps, Raad a donné différentes dates de l'origine de *The Atlas Group*: 1967 (année de naissance de l'artiste), 1975 (début des guerres du Liban), et diverses dates des années 1980 et 1990. Maintenant que Raad a pratiquement terminé le projet de *The Atlas Group*, il lui a donné les dates « officielles » de 1989–2004 et a commencé à l'exposer de façon rétrospective.

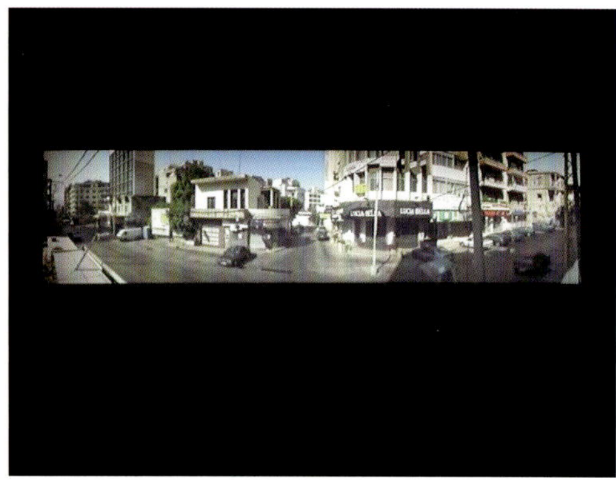

Mais comment historiciser une plaie qui ne s'est pas refermée ? Comment écrire une histoire éclatée ? Peut-être a-t-on besoin de formes qui se rapprochent de la poésie. En tout cas, cette histoire peut seulement être appréhendée par le fragment, et donc partiellement. C'est peut-être l'une des raisons qui poussent Raad à ajouter de nouvelles œuvres au projet de *The Atlas Group*. *We decided to let them say, "we are convinced," twice* (2002/2006) est une série d'images que Raad a prise quand il était adolescent à Beyrouth pendant l'invasion israélienne de 1982, et qu'il a réalisée en 2006 comme un projet de *The Atlas Group*, en l'antidatant de 2002. (Raad date habituellement ses œuvres deux fois : la première date renvoie à l'attribution par *The Atlas Group*, et la seconde à la production réelle de l'œuvre par Raad. Les œuvres dotées d'une seule date ne font pas partie des archives « officielles » de *The Atlas Group*). Ce mépris pour la continuité historique, sans parler de la véracité, ne résulte pas d'un subterfuge volontaire ; il vise plutôt à donner l'impression d'un temps qui a été irrémédiablement rompu, qu'il s'agisse du temps psychique et individuel, ou du temps social et partagé. C'est aussi une expérience du temps qui n'est pas entièrement de l'ordre de l'humain.

Si la photographie architecturale est souvent dépourvue de présence humaine, on ne peut s'empêcher de remarquer à quel point le Beyrouth de Raad est dépeuplé, tant dans ses différents projets documentant l'architecture de la ville par la photographie que dans la vidéo numérique *We can make rain but no one came to ask* (2003/2006). Réalisé en collaboration avec l'écrivain Bilal Khbeiz, et l'architecte et l'artiste Tony Chakar, le film se propose d'enquêter sur un attentat à la voiture piégée qui a eu lieu à Beyrouth le 21 janvier 1986. Mais sa représentation spectrale de l'architecture du centre-ville pendant la phrase de reconstruction d'après-guerre, suggère que les édifices sont hantés par les histoires (et les victimes) qu'ils tentent d'oublier. La vidéo n'est pas seulement un acte de deuil, elle opère aussi une critique subtile du processus politique de l'après-guerre, qui vit les intérêts privés (et la cupidité) supplanter la participation publique et la discussion autour de l'avenir de Beyrouth et du Liban en général.

We decided to let them say, "we are convinced," twice se compose de photographies de guerre apparemment conventionnelles (spirales de fumée, avions de chasse, soldats israéliens faisant la sieste, salués par les chrétiens de Beyrouth Est) et pourtant, les dommages que le temps et la négligence ont fait subir aux négatifs (dommages créés par de nouvelles manipulations numériques) rendent ces images fantomatiques. Parallèlement, l'un des paradoxes centraux de l'occurrence traumatique consiste à douter de la nature du témoignage et du témoin, au moment même où les symptômes traumatiques commencent à être perçus comme plus réels que l'événement lui-même. Dans ce sens, il y a un aspect dissociatif (et non représentatif) du traumatisme. L'œuvre de Raad évoque cette dimension par son insaisissabilité, par sa façon de tourner autour de l'événement. *Notebook volume 72: Missing Lebanese wars* (1989/1998), qui date des débuts de *The Atlas Group*, en est un parfait exemple.

Formée de vingt et une images distinctes, cette série prétend documenter des groupes d'historiens (marxistes, islamistes, nationalistes maronites, socialistes, pour reprendre les termes que Raad emploie dans une note d'artiste), qui parient aux courses sur un terrain ayant subit des dommages importants pendant la guerre. Mais au lieu de miser sur le vainqueur, ces auteurs de l'histoire misent sur la distance exacte qui sépare le cheval de la ligne d'arrivée, telle qu'elle apparaît sur la photographie publiée dans le journal du lendemain. Raad colle ensuite cette image sur un papier bloc-notes sténographique, agrémenté de notes manuscrites diverses qu'il attribue aux commentaires de Fakhouri sur la course et les historiens. Raad a réalisé cette série sous forme de photographies agrandies des collages, ajoutant encore un niveau de médiation par rapport à l'événement original, lui-même finalement fictionnel et non-existant.

Bien entendu, aucune des photos d'arrivée n'arrive à représenter le moment précis où les naseaux du cheval touchent la ligne d'arrivée. Les historiens parient donc sur le caractère inexact de la représentation, paradoxe frappant étant donnée leur profession. Dans les tirages qui forment la série, aucun des historiens ne parvient à deviner l'écart exactement ; c'est en réalité l'historien qui se rapproche le plus cet écart qui gagne le pari, en d'autres termes, celui qui prédit avec le plus d'exactitude le degré précis d'inexactitude. Raad utilise la fiction pour parvenir à une vérité très profonde sur l'écriture de l'histoire – qu'elle soit personnelle ou collective, traumatique ou non. Entre autres choses, *Notebook volume 72: Missing Lebanese wars* traite de l'historiographie autant que de n'importe quelle histoire particulière – une historiographie mise à mal par les événements mêmes qu'elle tente de représenter. Comme lorsqu'il dédaigne la fidélité des chronologies (et des dates), Raad vise ici à instiguer le scepticisme vis-à-vis des modes narratifs de l'histoire prétendant donner une vérité, qui sont souvent nationalistes.

Pour cette raison, l'œuvre de Raad porte moins sur les guerres civiles du Liban qu'on peut le croire à première vue. Dans l'une de ses définitions les plus directes et succinctes du projet de *The Atlas Group*, parue dans un numéro de *Review of Photographic Memory* en 2004, Raad écrit : « Nous partons de l'idée que "la guerre civile libanaise" n'est pas un épisode qui se comprend de lui-même, un fait de nature inerte. Cette guerre ne se compose pas d'un objet unifié et cohérent, situé dans le monde. » Les photojournalistes de la vidéo *We can make rain but no one came to ask* et de *My neck is thinner than a hair: Engines* (2001/2003) – une série de photos d'archives détournées qui documente les attentats à la voiture piégée des guerres civiles libanaises – se précipitent vers la scène d'une explosion comme vers un événement qui ne cesse de reculer devant eux. Ce qu'ils décrivent finalement (et Raad avec eux), ce sont les conséquences induites. Dans le cas de l'attentat, les dommages induits sont autant temporels que spatiaux.

L'un des aspects les plus singuliers de l'art de Raad est sa façon d'intégrer cette

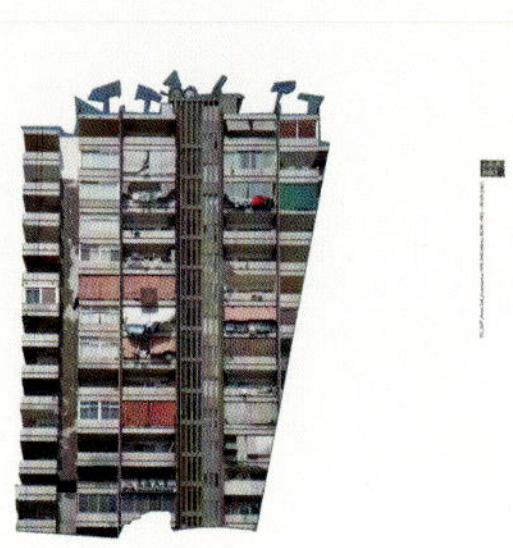

Walid Raad
Sweet talk: The Hilwé commissions
1992–2004/2004

dimension temporelle à une exactitude formelle orientée spatialement, quasi-architecturale dans son approche. La répétition est l'une des méthodes utilisées ; la transformation des questions de représentation en allégories de l'écriture de l'histoire en est une autre. La médiation en est une troisième. Même s'il décrit son œuvre comme documentaire, Raad soumet les images qu'il crée à divers niveaux de manipulation et les réalise toujours numériquement. Il s'agit de distancier l'événement originel (souvent lui-même inventé), autant que de rendre réels ces effets numériques pour en faire des métaphores du symptôme traumatique. C'est aussi en utilisant la fiction que son œuvre produit de la temporalité. De ses titres volontiers baroques à l'invention constante d'histoires dans l'histoire (dont la cassette d'otage fictive *Hostage: The Bachar tapes [#17 and #31]_English version* [2000] est un excellent exemple), en passant par ses scénarios de performance, l'œuvre de Raad comporte une dimension écrite importante, qui la fait basculer du côté de la permissivité de l'artifice littéraire, et l'éloigne des contraintes documentaires.

Ce jeu sur les frontières entre documentaire et fiction a suscité de très nombreux commentaires. Pourtant, cette mise en question des vérités de la représentation n'est qu'un aspect du projet global. Si Raad utilise certaines stratégies autoréflexives du postmodernisme, son ambition générale est la création d'une cosmologie personnelle, documentée de façon rigoureuse bien que pseudo-scientifique dans un fond d'archive imaginaire. Son art n'a jamais reposé sur la fiction, même s'il l'admettait stratégiquement aux débuts de *The Atlas Group*, en particulier lors des performances publiques qui font partie de son travail. Raad expose rarement ses œuvres dans une galerie sans une performance qui l'accompagne, habituellement composée d'une conférence ou d'un exposé où l'artiste se fait le porte-parole de *The Atlas Group*. Ces performances lui permettent de contextualiser son œuvre de façon non-déterministe, et fournissent une occasion de dévoiler progressivement ses dimensions fictionnelles.

Ce choix de la fiction apporte une nouvelle complexité à un autre corpus de travaux exposés ici pour la première fois. Même s'ils n'en font pas partie, les seize tirages collectivement intitulés *Sweet Talk: Commissions (Beirut)* (1987–présent) peuvent être considérés comme un matériau source de *The Atlas Group Archive*, comme une archive de l'archive que constitue *The Atlas Group*. Ainsi, certaines façades architecturales, figurant dans ces commandes passées à lui-même, apparaissent également dans *Sweet talk: The Hilwé commissions* (1992–2004/2004),

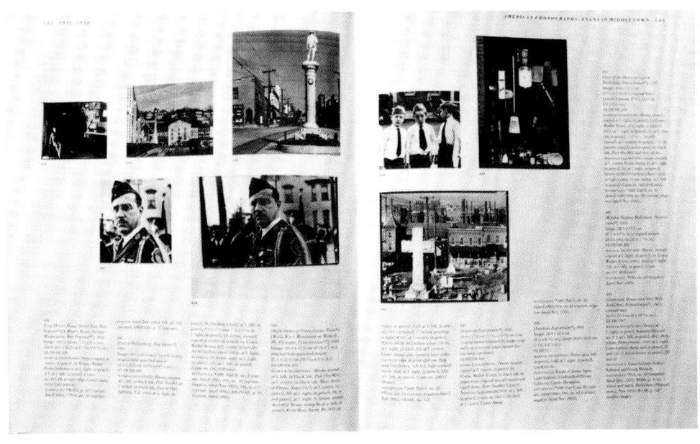

Page extraite de
Walker Evans: The Getty Museum Collection
1995

série de photographies dans laquelle Raad extrait les bâtiments de leur site originel et modifie leur perspective pour les suspendre sur un fond blanc, comme des fantômes. Ailleurs, dans *Sweet Talk: Commissions (Beirut)*, la photographie de deux enfants au seuil d'une porte sert d'image source à un tirage de *Let's be honest, the weather helped* (1998/2006–7), projet dans lequel Raad insère numériquement des pois de couleur vive, de diverses tailles, pour marquer l'emplacement de balles trouvées alors qu'il photographiait différents lieux de Beyrouth (par ce code couleur, l'œuvre chronique également les différentes nations qui, au fil des années, fournirent des armes aux milices en lutte pendant les guerres civiles).

Sweet Talk: Commissions (Beirut) s'approprie le texte et la mise en page d'un catalogue du Musée Getty de 1995, qui présentait sa collection de photos de Walker Evans, accentuant ainsi la dimension archivistique, personnelle et artistique de cette nouvelle œuvre. Elle fait aussi allusion à la critique institutionnelle que Raad commence à développer après *The Atlas Group*, en partie en réaction à la réception positive, critique et muséologique de son travail, et alors qu'un intérêt mondial pour l'art et les artistes du Moyen-Orient voit le jour. En réaction, Raad cherche à créer un degré de distance conceptuelle, pour tenter de mieux comprendre la manière dont les œuvres de cette région, y compris la sienne, sont absorbées par une scène artistique de plus en plus mondialisée. La présentation de *Sweet Talk: Commissions (Beirut)* utilise ainsi le catalogue d'Evans pour se saisir de questions institutionnelles (et commerciales) sur la collection et l'exposition, une idée que Raad développe plus amplement dans son dernier projet, *Scratching on Things I Could Disavow: A History of Art in the Arab World* (2008–aujourd'hui).

D'une certaine manière, Evans (avec Eugène Atget et Bernd et Hilla Becher) est un précurseur évident de l'œuvre de Raad, d'autant que l'artiste intègre désormais un petit nombre de portraits et de figures humaines aux photographies de *Sweet Talk: Commissions (Beirut)*. Pourtant, contrairement aux clichés d'Evans, la figure humaine apparaît souvent sous forme de fragments et de parties isolées du corps : des têtes, des mains, des torses. (Il serait peut-être légèrement macabre de souligner que c'est ainsi que les victimes d'attentats à la voiture piégée apparaissent dans plusieurs photographies antérieures de Raad.) Raad rejette toujours la vue d'ensemble, alors qu'il cadre ses images avec une inflexible géométrie de la disparition. Dans « L'Œuvre d'art à l'époque de sa reproductibilité technique » (1935), Walter Benjamin écrit qu'Atget photographiait les rues de Paris comme la scène d'un crime. Pendant des années, Raad a fait la même chose

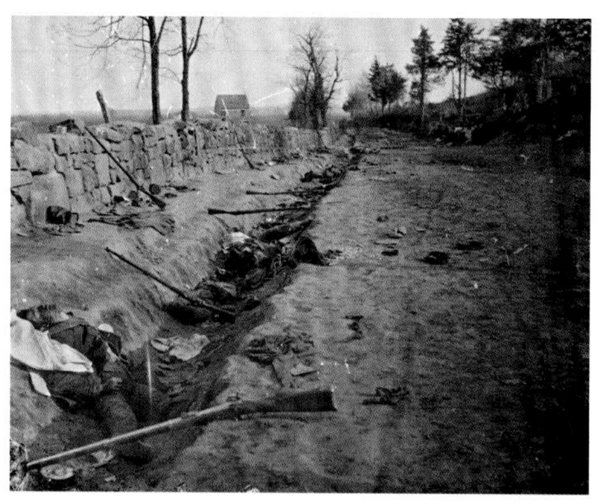

Matthew Brady
Confédérés morts derrière un mur en pierre à Fredericksburg, Virginie
1862

avec Beyrouth. Si l'historiographie est, avec la question de la représentation photographique, l'un des objets d'étude principaux de *The Atlas Group*, l'architecture en est un autre. Parmi ses connotations diverses, cet intérêt pour la documentation d'une architecture vidée (voir ses nombreuses images de devantures fermées) évoque la perte anxieuse du foyer.

Depuis son origine, la photographie a servi d'acte de deuil : de l'utilisation massive des daguerréotypes pour se souvenir de proches disparus au XIXe siècle, aux photographies de la guerre de Sécession par Mathew Brady, en passant par les images des Indiens d'Amérique d'Edward Curtis. Les premières œuvres de Raad ont une dimension élégiaque, en particulier ses films courts tels que : *Miraculous beginnings* (1993/2003), dans lequel Fakhouri a prétendument exposé une image chaque fois qu'il pensait que la guerre civile était finie ; *No, illness is neither here nor there* (1993/2003) qui montre aussi, image par image, des plaques de cabinets médicaux et dentaires filmées par Fakhouri ; et *I only wish that I could weep* (2002) qui se termine par une série de couchers de soleil sur la Méditerranée. Ce sont des œuvres qui visent un acte de consolation et d'aboutissement sans jamais y parvenir, un acte que la répétition rend impossible. Elles attendent leur propre rupture, dans un continuum historico-temporel qui a déjà été rompu.

Certains clichés de *Sweet Talk: Commissions (Beirut)* évoquent les films attribués à Fakhouri. Avec *I only wish that I could weep*, les trois films font partie d'une rétrospective miniature comprenant l'intégralité du projet de *The Atlas Group*. *The Atlas Group (1989–2004)* (2008) est la version que fait Raad de la *Boite-en-valise* (1935–41) de Marcel Duchamp. Il fait de cette sculpture la pièce centrale de *Scratching on Things I Could Disavow: A History of Art in the Arab World*, plutôt que de l'associer à *The Atlas Group* puisqu'elle met en œuvre la même procédure métaphysico-métaphorique que le reste du projet. S'inspirant des écrits de Jalal Toufic, et en particulier de la notion de « retrait de la tradition après un désastre démesuré », Raad part du scénario selon lequel certaines œuvres d'art situées au creux d'une fracture historique (y compris les siennes) ne seraient plus pleinement disponibles.

Quand en 2005, une galerie de Beyrouth lui propose de présenter des œuvres de *The Atlas Group* dans une exposition personnelle, Raad imagine qu'elles apparaitraient littéralement rétrécies dans ce contexte, c'est-à-dire retirées, lointaines, inaccessibles. Il fait donc construire une exposition du projet *The Atlas Group* à un centième de sa dimension réelle. D'autres œuvres de *Scratching*

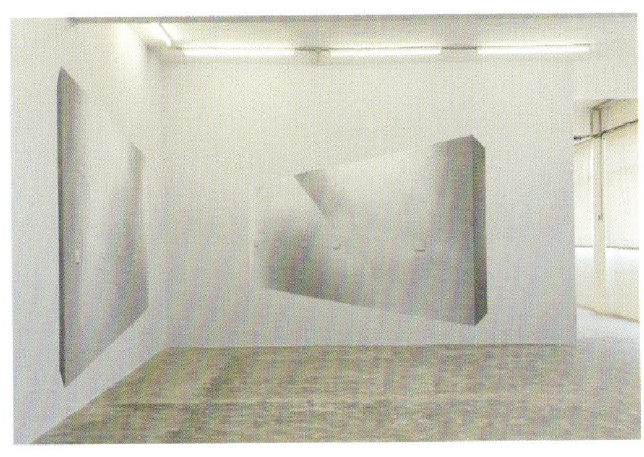

Walid Raad
Part I_Chapter 1_Section 79: On Walid Sadek's Love is Blind
(Modern Art Oxford, UK, 2006)
2009

on Things I Could Disavow ont connu le même processus de retrait, sans être nécessairement miniaturisées. Les sculptures murales en trompe l'œil que Raad a réalisées pour différents sites soulignent l'accessibilité et l'ouverture qu'elles nient physiquement. Il en va de même pour une série de grandes projections montrant des sites architecturaux et des portails en lente dissolution, qui imitent en trompe l'œil les conventions de l'architecture historique des musées, comme e *white cube* contemporain. Raad a aussi soumis l'œuvre d'autres artistes à ce processus de retrait, comme dans *On Walid Sadek's Love is Blind (Modern Art Oxford, UK, 2006)* (2009), qui montre la disparition progressive d'images en trompe l'œil extraites d'une œuvre de Sadek, qui présentait lui-même les œuvres disparues d'un artiste libanais plus ancien.

Pour Raad (comme pour Toufic et Sadek), la tradition de l'art au Liban, et plus largement dans le monde arabe, est aux prises avec le « désastre démesuré » de l'histoire récente, autant qu'avec un monde de l'art globalisé qui établit rapidement des structures dédiées à l'art au Moyen-Orient, pour des raisons ni totalement claires ni instituées de façon transparentes (ce qui n'est pas sans rappeler le développement de Beyrouth après les guerres civiles). Ainsi, *Scratching on Things I Could Disavow* s'inspire du projet de *The Atlas Group* tout en s'en écartant de façon substantielle. Là où *The Atlas Group* imaginait une fondation fictive qui accueillait ses documents, les recherches récentes de Raad tentent de réimaginer en réimageant l'histoire de l'art arabe du XXe siècle. Pourtant, les deux projets racontent cette histoire de façon poétique, c'est-à-dire qu'ils ne racontent pas. Au lieu de cela, ils tentent de capter des messages.

Dans *Scratching on Things I Could Disavow* figure une série d'histoires d'artistes reconstituées, intitulées *Index XXVI: Artists* (2010), qui contient des informations que Raad aurait reçues de l'avenir par télépathie. Mais alors qu'il met en doute la narration, ce ne sont pas les informations que Raad cherche, ou a cherché. C'est plutôt la façon dont la tradition et le désastre affectent les éléments formels des œuvres d'art passées, présentes et à venir. Cela ne fait pas de Raad un formaliste, mais cela prolonge sa critique de l'artiste en tant que producteur individuel, initiée il y a des années par son refus de se considérer comme l'auteur unique de *The Atlas Group*. L'œuvre de Raad n'est pas tant la représentation d'une histoire particulière qu'un questionnement sur la façon dont l'histoire affecte la représentation. L'histoire peut certes façonner les conditions de l'art, mais l'art vise inévitablement à les dépasser.

Le vrai et le flou

Blake Stimson

Le vrai et le flou

Blake Stimson

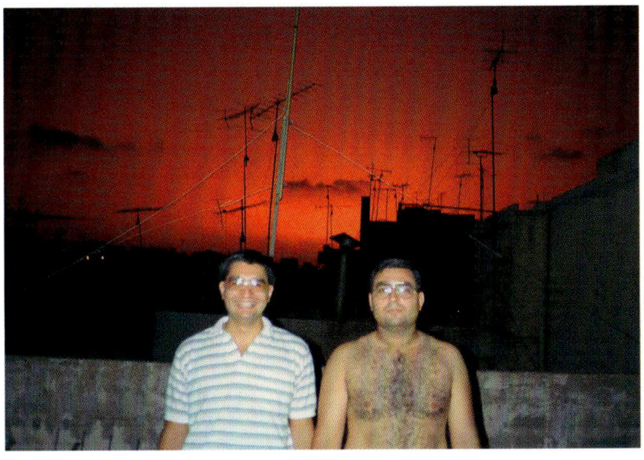

Walid Raad
Sweet Talk: Commissions (Beirut) (détail)
1987-aujourd'hui

Ô bourgade inappréciable, tu es vraiment inestimable quand tu (…) prends un air de sainteté, quand tu t'abandonnes à tous les répugnants plaisirs de la jalousie, de la cruauté et de la mentalité populacière, tout en prétendant rendre un culte à Dieu.
Søren Kierkegaard, 1848

I

Comme tout art digne de ce nom, celui de Walid Raad documente le monde autant qu'il témoigne d'autre chose, qui se situe au-delà de l'horizon du « ici-et-maintenant » brut et matériel, et du simple catalogue du « là-bas-et-alors ». On pourrait nommer ce dépassement du monde matériel « fiction », ou encore « fantasme », « forme », « identité », « nation », ou même « Dieu », mais aucun de ces termes ne nous aiderait à évoquer l'œuvre en question, pas plus qu'une autre d'ailleurs. Nous ferions mieux de recourir à l'une des descriptions emblématiques de Raad – la meilleure est sans doute celle de « symptômes d'hystérie » – pour comprendre cette part qui dépasse le documentaire. On pourrait aussi simplement appeler cet excès « désir », ou même « espoir ». De quelque manière que l'on diagnostique cette part d'ailleurs, d'aspiration ou d'illusion dans l'œuvre de Raad, la réalité plus triviale du monde ordinaire y est cependant toujours documentée - peut-être par la bande, de façon floue ou perdue dans la complexité visuelle, dense et limitée, du quotidien qu'offre la photographie – comme un vestige caché dans un coin, attendant patiemment d'avoir la parole.

Cette confusion des genres n'a rien de nouveau : le brouillage entre l'idéal et le réel, l'esthétique et le politique, le symptomatique et le somatique, a toujours été la préoccupation propre de l'art, celle qui le distingue de la pure documentation et du simple artisanat, de la vulgaire propagande et du commerce grossier. Plus simplement, on peut dire que si l'art moderne n'a presque jamais été directement religieux, il l'a néanmoins toujours été de façon résiduelle dans la mesure où il insiste pour voir un monde meilleur dans l'ombre du monde existant – même si c'est sous le prisme du cynisme, de l'opportunisme, du désenchantement ou du désespoir. En tant que telles, les images que l'art a de ce potentiel brumeux et distant ne peuvent que rester floues ou mal définies si elles veulent conserver leur statut artistique et éviter d'être immédiatement classées dans la catégorie du commerce et de la propagande d'une part, ou de la religion proprement dite d'autre part. En d'autres termes, lorsque l'art n'a pas encore été soumis à ses propres finalités mondaines, il équivaut toujours à un refus du statu quo, et il déclare ce refus abstraitement au

nom de quelque chose qui doit encore devenir réel, tangible ou vrai – sa « fiction »
(ou « fantasme, » « forme, » « identité, » « nation » ou « Dieu »).

C'est ainsi que l'art, à son meilleur, insuffle à l'image l'idéal d'une dimension
publique, que la politique et le commerce détournent seulement ensuite à leur
avantage privé – l'avantage des rois et du clergé, des états et des industries, des
bureaucrates, des consommateurs et des dirigeants mesquins, plutôt que celui
du public en général. Il en va de même pour les statues grecques et les cathédrales
gothiques, les ruines de Caspar David Friedrich, les cimes de Vladimir Tatline
ou les fantaisies d'Andy Warhol. L'entreprise de Raad relève de la même relation
problématique entre des projections artistiques évanescentes, jamais tout à fait
saisissables, d'une part, et un attrait pour les mécanismes politiques et commerciaux,
d'autre part. C'est de là que naît finalement un art sérieux et de qualité, un art qui
fait valoir de façon signifiante sa place dans le monde au nom de l'art lui-même.

Dès lors, cette évanescence peut prendre deux formes : celle qui nomme ces nobles
idéaux et celle qui ne le fait pas, celle qui se gonfle de valeurs comme la beauté, la
moralité, la vérité ou la justice, et celle qui trouve son rôle éthique et esthétique à
l'écart d'idéaux de ce genre, celle qui évoque cette évanescence comme une essence
universelle et celle qui en fait l'expérience brièvement comme la fugacité de
l'existence. Toutes deux voient le monde de façon floue, mais là où l'une plisse les
yeux pour apercevoir un détail, l'autre trouve sa liberté dans le flou du mouvement.
L'histoire de l'ancien idéal essentialiste nous est bien connue (si l'on pense à la théorie
des formes chez Platon, à l'interprétation augustinienne de la volonté de Dieu,
ou à la définition des Lumières chez Kant) mais l'autonomie plus récente de la
signification momentanée et existentielle a elle aussi une histoire et, en tant que
telle, se conforme à ses conventions, à sa structure et à son style propre et identifiable.

La formulation la plus influente de cet idéal affirme que « l'acte libre se produit
dans le temps qui s'écoule, » et cette mesure de la liberté est devenue la norme
dominante dans l'art contemporain.[1] On pourrait nommer ce style « postmoderne, »
post-humaniste ou dire qu'il relève de « l'art après la mort de Dieu, » mais ce
serait pour le moins simpliste. De façon plus nuancée, on peut comprendre
l'indétermination postmoderne comme non moins liée à la modernité au sens large
qu'à la négation des pulsions religieuses par le modernisme. D'un point de vue
philosophique, on pourrait faire remonter cette indétermination au doute cartésien,
et d'un point de vue économique, à la montée du mercantilisme – c'est-à-dire
au moment où, au début de la modernité, le sens et la valeur furent acceptés
substantiellement comme systémiques ou discursifs plutôt que supposés inhérents
à l'essence des choses. La liberté du signifiant flottant a toujours été indissociable
de la liberté bourgeoise, avec sa valorisation de la fluidité, de la flexibilité et de
l'adaptabilité du capital et de la main-d'œuvre, des marchés et de l'identité.

Pour reprendre les termes de Raad, le problème que rencontre le spectateur
confronté à ces deux formes d'évanescence est que l'on s'adresse à lui en tant que
« personne déterminée empiriquement » ou que « personne sociale, en tant
qu'homme, femme, hétérosexuel ou homosexuel, arabe ou américain. »[2] Tandis
que la technologie de cette adresse s'affine et se complexifie (bientôt, s'inquiète
Raad, « nous serons constamment déterminés en temps réel »), la menace implicite
a toujours été la némésis des meilleurs œuvres d'art, que ces mesures empiriques
soient au service de croisades ou de génocides, de l'impérialisme d'autrefois ou

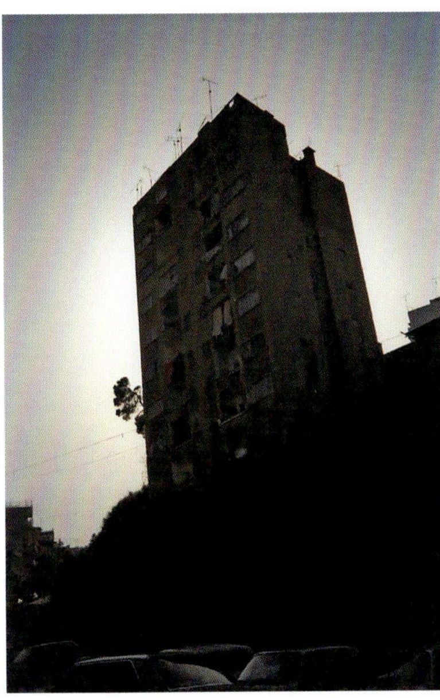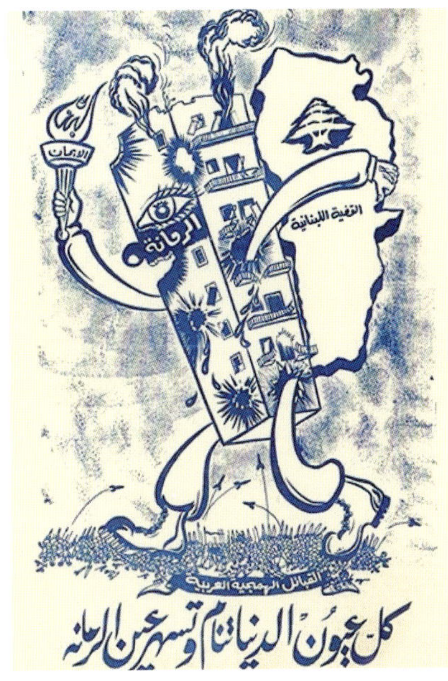

À **GAUCHE** Walid Raad
Sweet Talk: Commissions (Beirut) (détail)
1987–aujourd'hui
À **DROITE** *All the world is sleeping, while Ayn Remmane keeps vigil*, affiche de propagande des milices des forces libanaises
vers 1976

de la mondialisation d'aujourd'hui, du nationalisme ou du populisme, d'un découpage électoral biaisé ou de pratiques spatiales discriminantes, de groupes de consommateurs ou de publicités ciblées. En d'autres termes, la liberté que l'art recherche a toujours été gagnée sur la positivité, le factuel, l'identité, le gouvernementalisme ou sur « la politique du calcul, » pour reprendre les termes du politologue Timothy Mitchell.[3] De façon plus générale, pourrait-on dire, la liberté de l'art est une question de politique de la forme : « Je dois d'abord m'élever contre l'idée que le romantisme puisse se résumer par un concept, » dit le jeune Kierkegaard, par exemple, « romantique signifie précisément ce qui dépasse toutes les limites ».[4]

Si cette liberté a toujours échangé une aliénation contre une autre – la fiction pour les faits, l'identité communautaire pour l'identité du marché, l'hystérie pour la rationalité, l'informe pour la forme, le flou pour la vérité – lorsqu'elle est bien menée, elle ne le fait que partiellement et se réalise en jouant chaque extrême contre le milieu. Ainsi l'art négocie-t-il sa place dans un monde divisé entre la foi et le calcul, le flou et le vrai, « entre ceux qui croient trop », comme quelqu'un l'observait, « et ceux qui croient trop peu. »[5] À travers ces contradictions, la liberté de l'art représente le meilleur et le pire, l'agôn et l'ambivalence, la révolution et la contre-révolution, de la bourgeoisie.

II

Pour comprendre comment cette division s'inscrit dans le monde qui inspire l'œuvre de Raad, on pourrait prendre l'exemple de deux modernismes concurrents, dont chacun est en déroute : le vieil axiome baasiste selon lequel « l'islam est à l'arabisme ce que les os sont à la chair, »[6] d'une part, et d'autre part, le récit originel des Phalangistes, selon lequel le Liban « s'établit en 1920 en tant que projet chrétien, issu d'une idéologie politique chrétienne. »[7]

L'essentialisme ontologique du panarabisme et l'historicisme existentiel du nationalisme chrétien libanais peuvent ici représenter deux pôles – l'un spatial, l'autre temporel – structurant une longue tradition de la théorie sociale, qui a dominé le Moyen-Orient avec une intensité particulière et qui nous a tous affectés, d'une façon ou d'une autre.

Le cadre philosophique le plus pertinent pour penser cette opposition est celui de la distinction, toujours valable, entre sociétés « fermées » et sociétés « ouvertes », et entre religions « statiques » et « dynamiques », dont Henri Bergson donnait la première formulation systématique en 1932 dans *Les Deux sources de la morale et de la religion*, et dont Karl Popper fit une refonte néo-libérale dans son traité de 1945, *La Société ouverte et ses ennemis*. Pour Popper, la fermeture ou la stase sociale résultent d'un faux déterminisme moral, d'un développement social prédéterminé fondé sur un passé idéal (« conservatisme moral »), un avenir idéal (« futurisme moral ») ou des formes idéales (« sociologisme moral » ou « modernisme moral »), auxquels il opposait la véritable détermination de ce que nous pourrions appeler la doctrine de la « morale du moment. » « L'histoire n'a pas de sens », affirmait-il sans nuance, « Nous ne pouvons tenter d'expliquer le génie de Beethoven de cette façon, ni d'aucune autre » (comme faisant partie d'une prétendue « ère de la révolution » par exemple) parce que le génie se contente d'arriver et que tout effort pour l'expliquer, ou pour expliquer quoique ce soit d'ailleurs, introduit toujours une crise épistémologique qui mène à la fermeture sociale et à la stase religieuse.[8]

C'est Bergson qui élabore initialement le nœud central de ce positivisme historique en 1889, lorsqu'il pose la question suivante : « Le temps peut-il se représenter adéquatement par de l'espace ? » En réponse à sa propre question, il conclut : « Oui, s'il s'agit du temps écoulé », mais « non, si vous parlez du temps qui s'écoule ». Selon lui, le temps n'est la liberté que quand il n'est pas spatialisé ou lorsqu'on lui donne des paramètres formels prédéterminés :

> Or l'acte libre se produit dans le temps qui s'écoule, et non pas dans le temps écoulé. La liberté est donc un fait, et, parmi les fait que l'on constate, il n'en est pas de plus clair. Toutes les difficultés du problème, et le problème lui-même, naissent de ce qu'on veut trouver à la durée les mêmes attributs qu'à l'étendue, interpréter une succession par une simultanéité, et rendre l'idée de la liberté dans une langue où elle est évidemment intraduisible.[9]

Encore une fois, l'art vise à dépasser des frontières – que ce soit en tant que « symptômes d'hystérie, » pour reprendre la terminologie de Raad, ou en tant que « liberté », selon celle de Bergson. C'est ce qui nous permet d'identifier l'art en tant qu'art. Cependant, nous n'avons pas résolu la question de savoir si cette liberté relevait d'une temporalisation de l'espace (à travers l'émancipation du signifiant, par exemple, ou les échanges effrénés du marché, ou la mobilité spatiale de notre cosmopolitisme mondialisé) ou si elle relève d'une spatialisation du temps (à travers le conservatisme moral de notre religiosité résurgente, par exemple, ou le futurisme moral des révolutions française et russe, ou le modernisme moral de l'art moderne, ou le sociologisme moral de la plupart des politiques identitaires). S'agit-il de peindre le flou ou le vrai, le fermé ou l'ouvert ? De regarder vers l'intérieur des terres, vers « Damas, le "cœur battant de l'arabisme" », comme le disait un contemporain de Raad, ou « d'ouvrir vers le large » vers le « nouvel ordre économique mondial » ?[10] Ces questions préoccupent l'art contemporain libanais en général, et l'œuvre de Raad autant, sinon plus, qu'une autre. Ce sont également des questions auxquelles, d'une façon ou d'une autre, nous sommes tous confrontés.

Si le traumatisme de ces quinze années de guerre civile a bien rendu ces questions plus pressantes, ce n'est pas ce qui les a soulevées au départ. Cela fait longtemps que l'indétermination, indicateur négatif d'ouverture et de dynamisme, de liberté, d'expérience du flux ou d'une vision bergsonienne plus vaste, avait un attrait distinctif pour les Libanais d'aujourd'hui, comme ce fut le cas pour les Jeunes-Turcs ou, d'ailleurs, pour les Dreyfusards français. La « tendance principale » de cette vision, comme l'observait, en 1921, un expatrié libanais éminent, « est celle de l'échange, aussi bien culturel que matériel » et sa conséquence, « la conscience universelle, multiple, multicolore, prismatique » est « d'harmoniser, non, de renforcer la culture de chaque race. »[11] Ou bien, comme le dit un banquier beyrouthin dans un article du magazine *Time* en 1964, « Beyrouth traite le capital comme le Canal de Suez traite les bateaux ».[12] En effet, la modernité des Libanais chrétiens paraît à tous égards « prismatique », située entre deux mondes distincts – le cœur battant de l'arabisme et la mer ouverte du capitalisme mondial –, plutôt qu'une expérience du monde en elle-même.

Une observatrice attentive de l'œuvre de Raad et de ses pairs, parmi d'autres, a décrit cette tendance en termes strictement confessionnels : « la fondation de l'art moderne libanais est chrétienne », écrit-elle ; son cosmopolitisme, son « ouverture » et sa « diversité », son évanescence tournée vers l'extérieur, « s'enracine dans la présence des communautés chrétiennes et leur acceptation du fait que la culture européenne fait partie de leur propre histoire. »[13] L'argument est sans doute valable : l'art contemporain libanais, comme les affinités des Libanais chrétiens de Beyrouth et de la diaspora chrétienne dont Raad fait partie, est indéniablement postmoderne et cosmopolite, indéniablement liée au capitalisme mondial, indéniablement issu de ce qu'un critique appelle, dans un autre contexte, « un assemblage christo-capitaliste. »[14] Mais si l'on en restait là, l'œuvre de Raad aurait peu d'attrait durable en tant qu'art, elle communiquerait peu ce sens du rapport vivant et désirant entre le flou et le vrai, et ce que cela signifie pour une âme sensible de travailler au Moyen-Orient et hors de ces frontières. En effet, c'est peut-être le cœur battant de l'arabisme, par-dessus tout, qui révèle le sens de l'œuvre fascinante de Raad, en défendant le domaine esthétique de l'idéal contre le domaine politico-économique réel du capitalisme mondial.

III

« Il a souffert d'être un génie dans une bourgade », écrit Kierkegaard en 1848 avec une certaine complaisance, et ce rôle pourrait bien être celui de Raad – ou au moins servir de test moderniste de son œuvre.[15] La mesure de ce génie serait à chercher dans les symptômes hystériques, là où le vrai devient flou, où le monde matériel devient « fiction », « fantasme », « forme », « identité », « nation » ou « Dieu ». Pour autant que l'on puisse dire que le mouvement qui va du vrai au flou dans l'œuvre de Raad est symptomatique – c'est-à-dire, qu'il est le signe matériel et externe d'une maladie, d'un malaise ou d'un trouble interne – ce mouvement nous ramène au domaine du matériellement vrai et du documentaire.

Les réserves de pétrole dont les états arabes regorgent ont longtemps tenu le rôle spatial d'un corps terrestre clos sur lui-même, dont les énergies sont exploitées

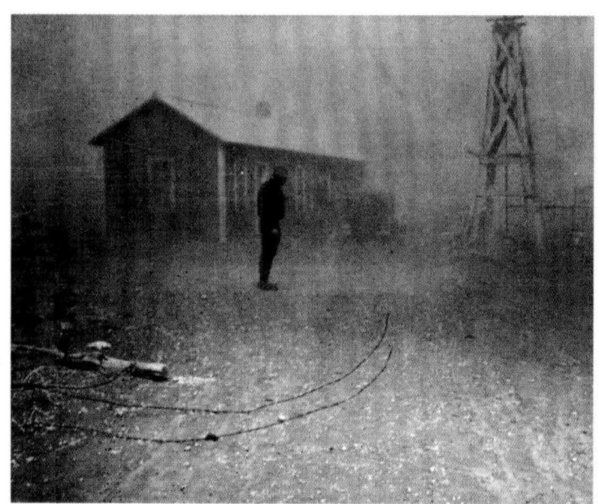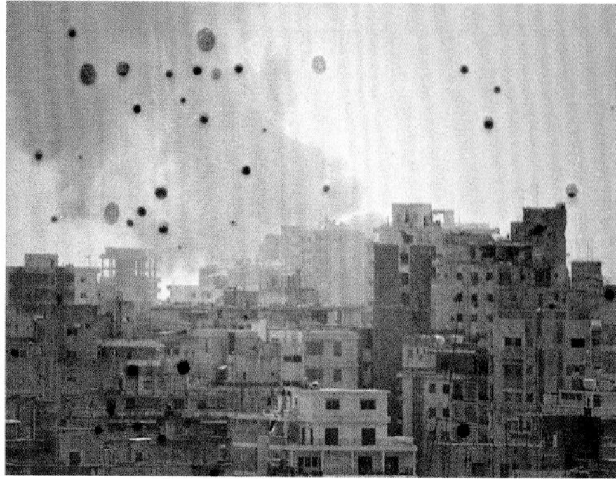

par la temporalité ouverte de l'esprit du capitalisme mondial. L'histoire de British Petroleum et de ses prédécesseurs en Iran, avec toute sa complexité politique et économique, n'en est qu'un exemple (même s'il annonce en partie le feuilleton entre BP et les États-Unis qui fait la une des médias au moment où j'écris). Nous pouvons penser cette image de deux façons différentes, celle de Bergson et celle de Marx. Dans la version bergsonienne, l'humanité est « limitée (…) tant qu'elle s'est bornée à utiliser des énergies actuelles et, en quelque sorte, visibles » (comme l'effort musculaire ou la force du vent). Cependant, une fois les énergies cachées « disposées dans la houille, le pétrole, etc. » libérées, « une puissance si formidable, si disproportionnée » par rapport à la nature humaine provoqua « de redoutables problèmes sociaux, politiques et internationaux ». « Le corps », conclut Bergson (en parlant du corps humain, mais aussi du corps social et du corps matériel de la terre), est « un moyen d'agir, mais c'est aussi un empêchement à percevoir » et cet obstacle doit être surmonté par le « génie mystique » de l'esprit ouvert et dynamique.[16]

Pour Marx, la compréhension du génie est bien sûr différente et, pour les moyens de notre démonstration, nous pourrions même dire qu'elle est contraire. L'action libre de Bergson qui « se produit dans le temps qui s'écoule » aurait été pour Marx moins un acte de liberté qu'un acte d'exploitation. Le capitalisme, écrivait-il avec emphase, « déracinera toutes les barrières de la relation » à seule fin « d'annihiler cet espace par le temps »[17]. Le capitalisme temporalise et désacralise l'espace. Au contraire, la politique, quand elle est bien menée, re-spatialise et re-sacralise le temps en étendant la domination de l'acte souverain du privé au public, de l'esprit de la volonté individuelle au corps politique d'une société ou d'une nation. La liberté politique ne signifie pas que l'on soit dégagé du politique, ni que l'individu soit dégagé de sa responsabilité devant les autres, elle signifie plutôt la liberté de parler et d'organiser. C'est le rêve noble (même s'il est constamment perverti) de la sphère publique de la bourgeoisie, comme c'était celui du socialisme « réel » pour le prolétariat. Les grandes ruines de la délibération démocratique – le musée, l'université, la place publique, la chambre parlementaire, la salle syndicale, le journal – conservent toujours l'éclat de l'aura qui entourait jadis les espaces sacrés de la religion, même si elles ont été dégradées par le flou profane de l'ère marchande.

« Toute question, quelque intellectuelle qu'elle soit », écrit Julia Kristeva, « reflète une souffrance ».[18] Le test pour l'œuvre de Raad est la façon dont cette souffrance s'exprime dans sa question sur la « personne empiriquement déterminée » ou la « personne sociale en nous, en tant qu'homme, femme, hétérosexuel ou homosexuel, arabe ou américain ». Le flou de l'art moderne renvoie toujours à la souffrance persistant dans les yeux du bourgeois coupable, que ce flou provienne du regard filant du criminel en fuite, ou d'une compensation émotive du sensus communis, du Geist, de l'être-espèce ou d'une camaraderie s'efforçant d'avoir une vue d'ensemble. La transformation du temps en espace est partout dans l'œuvre de Raad – dans ses dérives compulsives accumulant les voitures, les signes et les monuments, dans la fixation des instants et la prévision des distances, dans la concrétisation du langage et le brouillage de la vision, dans ses approches labyrinthiques de l'archive, de l'auteur, de l'analyse et de l'institution – et alors même qu'elle se réalise de façon tristement, douloureusement et tragiquement abstraite. La souffrance que renferme le flou de cette abstraction chez Raad est sa mesure du vrai, sa mesure du devenir-documentaire, sa mesure du génie dans la bourgade. À nous de découvrir si nous présentons aussi ces symptômes, ou si nous avons échappé, sans une égratignure, à l'écoulement libre du temps.

1   Henri Bergson, *Essai sur les données immédiates de la conscience* (Presses Universitaires de France, Paris, 1907), p.166.

2   « Without Boundary: Meditations on Truth », mardi 4 mai 2006, Museum of Modern Art, New York. On peut réécouter ce débat sur http://www.moma.org/explore/multimedia/audios/66/38 (début à 41:30).

3   Timothy Mitchell, *Rule of Experts: Egypt, Techno-Politics, Modernity* (University of California Press, Berkeley, 2002), p.8.

4   Kierkegaard en 1836, cité dans Bernard M. G. Reardon, *Religion in the Age of Romanticism: Studies in Early Nineteenth-Century Thought* (Cambridge University Press, Cambridge, 1985), p.1.

5   Terry Eagleton, « The Death of Criticism? », conférence à l'université de Berkeley, 4 mai 2010, questions-réponses, 0:55:30. http://www.youtube.com/watch?v=-20dZxUAfuo

6   Michel Aflaq en 1959, cité dans Walid Anthony Phares, « The Nationalist Claim of the Lebanese Christian Resistance: An Ethnic Conflict Case Study », thèse, université de Miami, 1993, p.48.

7   Joseph Abou Khalil cité par Ahmad Ibrahim dans « Lebanese politics: Family affair », *Al Jazeera*, 8 juin 2009, http://english.aljazeera.net/focus/lebanon2009/2009/05/2009527142833966266.html

8   K. R. Popper, *La Société ouverte et ses ennemis. Tome 2 : Hegel et Marx*, (Éditions du Seuil, Paris, 1979), p.140, 179.

9   Voir note 1.

10   Tony Chakar, « Beirut: City Report », *Frieze 99*, mai 2006 http://www.frieze.com/issue/article/city_report_beirut

11   Ameen Rihani, « Culture and Exchange », *The Path of Vision* (James T. White & Co., New York, 1921), p.164, 170, 172.

12   « Middle East: Beirut: The Suez of Money », *Time*, 23 octobre 1964, http://www.time.com/time/magazine/article/0,9171,897352,00.html

13   Sarah A. Rogers, « Postwar Art and the Roots of Beirut's Cosmopolitanism », thèse, MIT, 2008, p.91-92.

14   William E. Connolly, « The Christo-Capitalist Assemblage », Theory, Culture & Society, décembre 2007, p. 303-305.

15   Søren Kierkegaard, *Point de vue explicatif de mon œuvre*, in Œuvres complètes 16 (Éditions de l'Orante, Paris, 1971), p.71.

16   Henri Bergson, *Les Deux sources de la morale et de la religion* (Presses Universitaires de France, Paris, 1932), p 325, 330, 335.

17   Karl Marx, *Grundrisse* (Penguin, London, 1973), p.539.

18   Julia Kristeva, *Au commencement était l'amour : psychanalyse et foi* (Hachette, Paris, 1985), p.xiii.

Walid Raad, profanateur nécessaire
Hélène Chouteau-Matikian

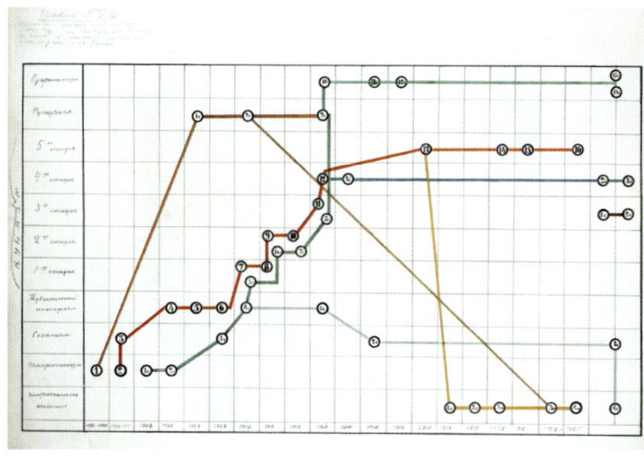

Kasimir Malévitch
*Historical development of the new painting
1880-1926 and the inferences which this
has brought us in the West and in Russia*
1927

« Le moderne est autosuffisant : chaque fois qu'il apparaît, il fonde sa propre tradition »[1] écrivait Otavio Paz. Il (l'artiste moderne) crée à lui seul l'archéologie des ruptures ou des continuités qu'il opère dans l'historiographie des styles, des maîtres et des chef-d'œuvres. Il désigne ses prédécesseurs, ses ancêtres « nécessaires »[2] qui lui permettront de concilier la flèche du temps des avant-gardes internationales avec un ancrage dans des traditions locales, ancestrales, populaires, voire archaïques, et surtout, de s'échapper des modèles académiques. Les Cubistes se tournèrent vers l'art africain ou les arts dits primitifs pour nourrir leur programme formel ; Picasso déclarait comme pair, l'autodidacte Douanier Rousseau ; Kasimir Malévitch ou Vladimir Tatlin citaient l'histoire de l'icône russe dans leur héritage formel et Natalia Gondcharova revendiquait un Cubisme déjà latent dans l'art des Scythes. Et pour mener à bien son programme, cet artiste moderne des avant-gardes se doit d'être pédagogue tout autant qu'historien. Il utilise alors parfois, à cette fin, des techniques visuelles efficaces (listes, tableaux, schémas, diagrammes, index) que l'anthropologue de l'écriture, Jacques Goody, définissait comme des « aptitudes intellectuelles qui permettront une inscription de données dans un espace public et dans une sphère abstraite, une "mémoire artificielle".»[3]

En 1927, Malévitch réalisait une série de vingt-sept planches pédagogiques destinées à être présentées à l'entrée de ses expositions. Formées d'agrégats complexes de tableaux, de schémas, de compositions ou décompositions graphiques et chromatiques, ces planches étaient censées instruire le public sur les fondements du Suprématisme. Suivant un même sillage historique et conceptuel, en 1969, les *Learning Machines* que George Maciunas réalisait à la main, sur des feuilles quadrillées et selon une procédure graphique précise, travaillaient contre la segmentation du savoir académique. Il s'agissait de penser un universel dans lequel l'histoire de l'art et l'histoire suivraient des développements conjoints. À l'instar des Constructivistes ou des Suprématismes russes, Maciunas entendait mettre en parallèle les buts de l'art et ceux de la révolution socialiste.[4]

L'installation *Scratching on Things I Could Disavow: A History of Art in the Arab World* de Walid Raad comprend *Index XXVI: Artists,* des listes de noms d'artistes ayant vécu et travaillé au Liban à la fin du XIXe et au début du XXe siècle qui sont inscrites sur les murs de l'exposition, en lignes et horizontalement. Elles y apparaissent en blanc sur blanc, par couches successives d'adhésifs vinyliques. L'ensemble du projet se construit sur un mode complexe de relations entre des

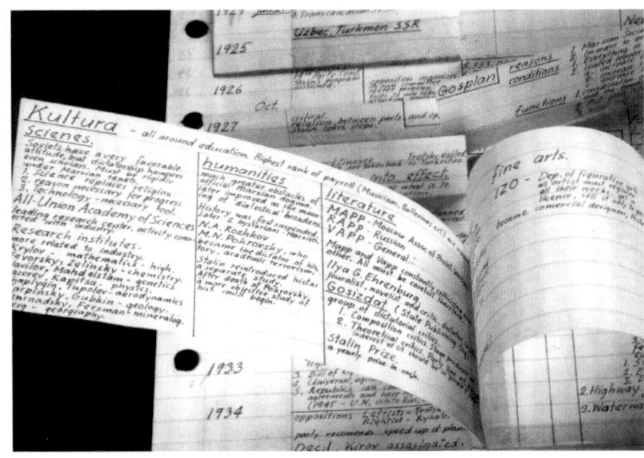

Georges Maciunas
Chronology of Russian History (détail)
vers 1953-54

suites, des fragments de lignes, des couleurs, des documents, des concepts et des œuvres qui semblent s'attester les uns les autres comme dans une procédure historiographique, au sein d'une grande tabulation aux apparences pédagogiques. Après avoir revêtu le rôle de l'artiste historien archonte des achives de *The Atlas Group*, Walid Raad semblerait là endosser celui de l'historien d'art didacticien qui ferait « revenir » ses précurseurs ou ses pairs dans la lumière publique du livre ou de l'exposition et voudrait communiquer au public le sens historique de son œuvre. Mais, on nous explique que les noms de *Index XXVI: Artists* ont été transmis à Raad par télépathie par des artistes du futur. Les listes presque invisibles commencent avec la conjonction « et » et se terminent par le même mot. Leur longueur est déterminée en fonction de celle du mur où elles sont inscrites. Elles contiennent parfois des noms d'artistes contemporains non libanais. Les noms ne sont pas énoncés de façon chronologique. Ces listes n'ont donc rien à voir avec de quelconques schémas explicatifs.

Le temps classique se réfère au passé, le temps moderne au futur. Chez les artistes d'avant-garde, inscrire une œuvre dans le déterminisme de l'Histoire revêtait une haute portée morale. Chez Walid Raad, cette éthique est tendue par une *mimesis* symptomatique du contexte dont il entend rendre compte. On peut faire de l'histoire si l'histoire est achevée. On peut faire de l'histoire de l'art si elle est une matière valide à revisiter. On pourrait faire de l'histoire, de l'histoire de l'art, si la guerre était finie. Mais est-il possible, encore aujourd'hui, de localiser la fin des guerres libanaises ? *Notebook volume 72: Missing Lebanese wars* (1989/1998) est un des dossier des achives de *The Atlas Group*. Des « guerres manquantes » qui résonnent aujourd'hui à l'absence charnelle et matérielle des œuvres et des artistes dans cette histoire de l'art fantomatique présentée par Walid Raad. Comme les archives de *The Atlas Group*, *Scratching on Things I Could Disavow* est construite selon une hystérie de chronologies affectées, de présences et de *revenances*. En place de médium plutôt que d'historien, Walid Raad transmet des informations au public selon une glossolalie bégayante comme il le faisait déjà, dans sa performance *The Loudest Muttering is Over* (2001), lorsqu'il feignait d'avoir perdu les pages de son texte et le fil de son récit. Le procédé historique est toujours pensé chez Raad sur le mode de la hantise dans une explosion consentie des temps et des lieux, et selon ce que Jacques Derrida décrit comme une « vérité historique » qui se distingue de la « vérité matérielle », une vérité qui résiste et revient comme une « vérité spectrale ».[5]

Car, dans cette articulation entre visibilités et invisibilités, il est question de
transmission plus encore que d'Histoire. Walter Benjamin écrivait en 1933, dans
son texte « Expérience et Pauvreté » : « Trouve-t-on encore des gens capables
de raconter une histoire ? (…) Non, une chose est claire : le cours de l'expérience
a chuté, et ce dans une génération qui fit en 1914–18 l'une des expériences les
plus effroyables de l'histoire universelle. » Passant par une parabole boursière,
il décrivait déjà cette impossibilité de transmission qui survient après le désastre
guerrier et décrivait des peuples « non pas plus riches, mais plus pauvres en
expériences communicables. » [6] Walid Raad inclut dans son projet les écrits
de Jalal Toufic, penseur avec qui il collabore et qui a posé l'idée qu'il existe des
désastres « démesurés » qui affectent la réalité, les transmissions et les traditions
de façon matérielle et immatérielle, dans une temporalité qui dépasse l'existence
biologique des corps.

En 2005, à Beyrouth, Walid Raad faisait le constat que les achives de *The Atlas
Group* ne pouvaient pas être exposées dans les locaux somptueux de la galerie privée
où il était invité à les présenter. Car les archives sans lieu de *The Atlas Group*, ces
dossiers aux légataires fictifs fondés sur un principe de déterritorialisation comme
contre-autorité et sur des procédures fictionnelles garantissant leur puissance
éthique et ontologique à rendre compte des violences guerrières, ne pouvaient
pas être assignées à ce territoire réel, ce pays originel de leur production, et
encore moins à ce lieu implanté à Karantina (quartier qui fut en 1976, durant
la guerre civile, le théâtre d'un horrible massacre de Syriens, de Palestiniens et
de Kurdes perpétré par les factions militaires radicales phalangistes). Abjurant
en quelque sorte la possibilité d'existence de son œuvre, de son langage, dans
cet espace-là, comme Pasolini, en 1975, qui reniait la *Trilogie de la Vie* devant
un monde asservissant les corps à des contraintes télévisuelles et mercantiles,
Raad renonçait à l'exposition de ses archives dans ce *white cube* luxueux. « Boite
noire », laboratoire, chambre de « conversion en art », tel que l'avait défini Brian
O'Doherty à la fin des années 70,[7] espace d'utopies expérimentales, le *white cube*
était devenu, dans ce contexte, un artefact kitsch où la « conversion en valeur
économique» prenait le dessus sur l'ontologie artistique et politique. Pour Raad,
dans ce contexte, la seule issue possible était de présenter *The Atlas Group* dans
un modèle réduit de musée, dans une maquette synthétique des bâtiments où
il les avait exposées précédemment. Il les extrayait ainsi virtuellement de ce
white cube pour les transposer dans un autre espace. Tout comme il avait réduit
les images d'archives et les textes à l'état de commentaires illisibles en marge des
planches blanches de la série *We can make rain but no one came to ask* (2003/2006),
il indexait *The Atlas Group* comme des notes de bas de page, comme des potentialités
de mémoire à inscrire en exergue d'un récit dont la matérialité ne pouvait se
manifester dans ce lieu. *The Atlas Group* cartographiait une impossibilité de
localisation de la violence guerrière. *Scratching on Things I Could Disavow* indexe
des potentialités de mémoires et de langages dans l'ombre de l'épaisseur écrasante
de la violence économique (et militaire) contemporaine faussement pacifiée.
   Scratching on Things I Could Disavow comprend des images d'épures d'architectures
de musées modernistes. Ces lieux imaginaires sont vides. Walid Raad les a réduits
à l'apparence de fantômes de bâtiments en deux dimensions et les a parfois

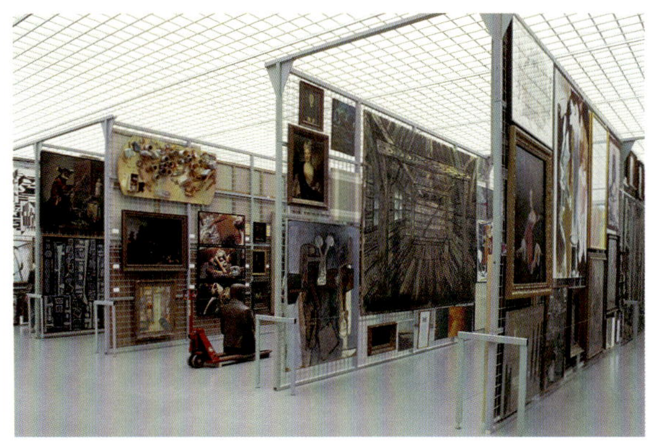

Viewing Matters: Upstairs, commissaire : Hans Haacke
Museum Boijmans-Van Beuningen, Rotterdam
1996

confinés au seul statut holographique. Ces espaces désincarnés font écho aux projets actuels d'architectures de musées *high tech* dans les pays du Golfe. Raad les désigne comme autant d'artifices fallacieux d'utopies universalistes. Il fait suite ici à nombre d'artistes des avant-gardes et post-avant-gardes d'après guerre qui ont voulu mettre en évidence le dévoiement (sous la prégnance abusive du pouvoir politique ou des visées mercantiles des industries culturelles) des valeurs émancipatrices de l'institution muséale nées sous l'égide des Lumières. Ainsi, le 7 septembre 1968, Marcel Broodthaers procédait, dans sa maison, à Bruxelles, à l'inauguration de son musée fictif, *Section XIXe siècle du Musée d'art moderne, département des Aigles*, où il présentait un certain nombre de caisses de bois vides employées habituellement pour le transport des tableaux de grande valeur, des inscriptions, des projections de diapositive et une série de cartes postales d'œuvres d'art. Les « bas produits » étaient exposés plutôt que les œuvres. En 1996, pour son exposition *Viewing Matters: Upstairs* au Museum Boijmans-Van Beuningen, à Rotterdam, afin de démontrer les tenants idéologiques de toute forme d'accrochage, Hans Haacke faisait remonter telles quelles les cimaises des réserves du musée dans les salles d'exposition et donnait à voir une installation où les tableaux étaient juxtaposés non pas en fonction de données esthétiques, chronologiques ou historiques, mais dans le seul but d'une pleine utilisation fonctionnelle de l'espace. En 1977, Daniel Buren intervenait dans la collection du Musée national d'art moderne à Paris, avec son œuvre intitulée *Les Formes : peintures*. Sous certaines œuvres modernes, il glissait un cadre fait d'une toile portant sa marque (des bandes colorées de 8,7 cm de large). Il ajoutait un cartel signalant son intervention sous le cartel original de l'œuvre concernée. Il déclarait alors : « les formes renforcent le fait qu'en dessous d'un cadre, il y a toujours quelque chose que le cadre ignore ou camoufle ou aussi qui lui est étranger, c'est-à-dire le mur, et que ce mur n'est pas innocent ».[8]

Mais, quand Broodthaers continuait à imaginer une possible force émancipatrice du musée qu'il mettait en exergue en négatif dans ses installations, quand Haacke, dans un héritage brechtien, croyait encore à des « armes » efficaces à retourner contre le spectacle dominant, et lorsque Buren entendait encore proposer des « outils visuels » aptes à influer directement sur le regard du spectateur, Walid Raad remet en cause la totalité des efficiences des langages et des formes qu'il a pu utiliser et produire jusqu'alors. « Le radicalisme esthétique doit payer le fait qu'à l'heure actuelle, les hôtels américains sont décorés de

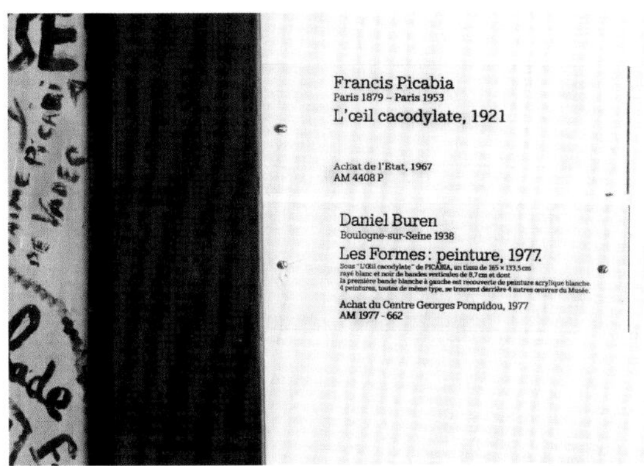

Photo-Souvenir: Daniel Buren
Les Formes : peintures (détail)
œuvre in situ de la collection permanente
Musée national d'art moderne, Paris
1977

tableaux abstraits. » déclarait Théodor Adorno en 1970 pour dénoncer les récupérations des avant-gardes artistiques par la culture de masse.[9] Faisant le constat que les fondements radicaux de l'art conceptuel sont devenus aujourd'hui une « feuille de style » d'un art international affilié à des contingences géopolitiques et économiques, Walid Raad s'en écarte. Ainsi, s'il donne des éléments d'explication (avec diagrammes, schémas, plans, vidéos ou organigrammes) sur les intrications complexes actuelles qui existent entre les développements des techniques dans le domaine des statistiques et leurs applications dans la finance, dans les *databases* artistiques, dans les fondations d'art contemporain, dans les industries *high tech* israéliennes et les industries culturelles dans le Golfe, il n'en fait pas le motif central de son projet comme auraient pu le faire ses prédécesseurs post-conceptuels ou néo-minimalistes. Il les place seulement en exergue, en retrait, comme des indices possibles, comme des éléments potentiels d'explication, tout en les traitant parfois avec distanciation et absurdité. Raad ne procède jamais par dénonciation directe, mais toujours par assertion et décentrement.

Déjà, en 2007, il réfléchissait à cette ambivalence de l'usage politique des formes qu'il investissait lorsqu'il concluait sa lecture-conférence *I Feel a Great Desire to Meet the Masses Once Again* (qui traitait de l'enlèvement, de la détention et de la torture de plusieurs individus par des acteurs étatiques et non-étatiques), en déclarant : « Au cours des deux dernières années, à plusieurs reprises, j'ai espéré que la tâche consistant à réunir ce matériel et à assembler ces histoires serait plus difficile. Je me disais sans cesse : "C'est trop facile. Des milliards de dollars sont dépensés pour créer des renseignements, pour qu'un artiste doté d'une connexion Internet et d'un peu de temps libre puisse tout découvrir ? Ce n'est pas possible ! " » . La tâche de « l'artiste politique » révélant des scandales cachés dans les sphères d'un « complot mondial » s'avérait obsolète et inopérante. Tout était déjà présent à nos yeux : inutile de rajouter du visible au visible.

Dès 1997, Walid Raad était associé en tant que co-fondateur à la Fondation arabe pour l'image qui s'employait à collecter, archiver et exposer des photographies issues du monde arabe, au Proche-Orient, en Afrique du Nord et dans la diaspora internationale. Il s'agissait de mettre au jour des usages, des mœurs, des modalités d'images qui laissaient entrevoir, selon les préceptes d'Edward Saïd, une complexité réelle de l'histoire et de la vie de ces territoires, en contre-pied des représentations globalisantes et fabriquées d'un monde « orientaliste » imaginé

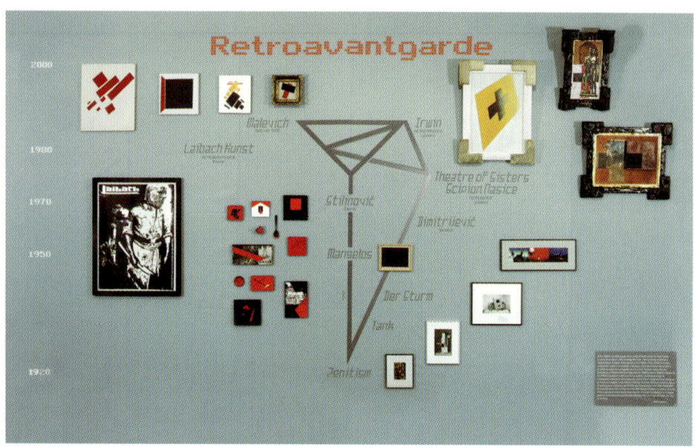

IRWIN Group
Retroavantgarde
1997–2005

par l'Occident. Catherine David proposait en 2002, son projet *Támass, Contemporary Arab Representations*[10] auquel participait Raad. Cet ensemble d'évènements (expositions, publications, conférences) présentait des « situations hétérogènes » en lien avec des contextes sociaux, économiques et historiques complexes et parfois conflictuels, dans le sillage d'une pensée foucaldienne de l'histoire, une histoire faite d'agencements, de « discontinuités», de chocs entre récits et contre-récits, de conflits entre mémoires dominantes et mémoires minoritaires. Nombre d'artistes et d'intellectuels prétendaient depuis la fin des années soixante-dix qu'il n'y avait pas eu un seul modernisme, mais des « climatologies » diverses et délocalisées. Luis Camnitzer en Uruguay, Lygia Clark et Hélio Oiticica au Brésil revendiquaient dans ce sens un « conceptualisme politique ». Catherine David déclarait, en 1992, dans une introduction sans appel à la présentation de l'œuvre d'Hélio Oiticica : « un art expérimental est-il possible dans un pays sous-développé ? Paraphrasant Harold de Campos[11], cette question dénonce aussi un rapport ancien et tenace, fait d'ignorance, de condescendances et de paternalisme entretenu avec les cultures dites « périphériques » et qui a conduit à l'occultation durable, au travestissement (sous les formes du folklore et de l'exotisme) ou à la marginalisation de fait, de pensées et d'œuvres majeures apparues hors des capitales "agréées" de la modernité »[12]. Plus récemment, le Groupe Irwin issu de Slovénie, créait son schéma *Retroavantgarde* (1997-2005) en réaction au célèbre diagramme d'Alfred Barr, directeur du Musée d'art moderne de New York, qui proposait une généalogie ethnocentrique des héritages des mouvements modernes.

Aussi, le projet *Scratching on Things I Could Disavow* de Walid Raad pourrait-il être lu à la lumière de cette constellation intellectuelle et artistique. Il pourrait être interprété comme volonté de faire valoir une tradition moderniste qui aurait été occultée au Liban et qu'il conviendrait aujourd'hui, à l'heure de l'ère post-coloniale et de la mondialisation, d'historiciser dans une reconfiguration globale du discours critique et esthétique. Mais, face à la dominance de l'industrie culturelle au Proche-Orient, Raad organise aussi l'apostasie des utopies fondatrices qui ont été à l'origine de son activité. Walter Benjamin déclarait en 1941 : « à chaque époque, il faut chercher à arracher de nouveau la tradition au conformisme qui est sur le point de la subjuguer. »[13] Raad poursuit sa vaste entreprise de volte-face aux utilisations dévoyées des notions de traditions (modernistes) qui font le socle aujourd'hui des industries culturelles. Aussi déclare-t-il : « Les artistes du futur s'intéressent davantage à ressusciter certaines lignes,

couleurs, contours ou formes qu'à maintenir en vie les œuvres de certains des
peintres, sculpteurs, photographes et cinéastes qui ont vécu et travaillé au Liban
au XXe siècle. »[14] Tous les documents, thèses, archives, affiches que Raad aura pu
trouver ou qu'on lui aura transmis sur l'histoire de l'art moderne au Liban sont
alors « dépecés », « caviardés » par découpes et extractions pour être présentés
dans *Scratching on Things I Could Disavow* qui prend ainsi la forme d'un atlas
documentaire de couleurs, de formes et de lignes. Selon une technique qui
rappelle celles qui furent pratiquées dans l'Empire Romain tardif et qui consistaient
à démanteler des monuments pour en utiliser les éléments à d'autres fins, Raad
pourvoie sa nouvelle archive flottante des *spolias* dont il a fait le butin dans les
artefacts de tradition qui lui ont été fournis par l'autorité.

 « La révolution a pour monument…le vide ». Eric Michaud cite cette phrase
fameuse de Michelet pour asseoir son propos et poursuivre : « C'est pourquoi
l'atomisation des pratiques et des formes de l'art, son auto-dissolution par
renoncement, à sa propre « volonté de puissance » et, finalement, sa progressive
désincarnation tout au long du XXe siècle ont constitué les seules réponses,
limitées, que pouvaient apporter l'activité artistique à l'incessante incarnation
du mythe producteur d'avenir, afin de préserver le vide du pouvoir – essentiel
à la démocratie, mais que ne cesse de combler l'industrie culturelle »[15]. Raad
n'hésite pas à dynamiter les procédés qu'il emploie pour mettre en cause leurs
prétentions déclaratives et historicisantes. Et, sans doute, sera-t-il intéressé à
savoir qu'en réalité, les planches pédagogiques de Malévitch contenaient déjà
intrinsèquement leur échec didactique dès leur origine. Leur complexité graphique
les rendait incompréhensibles au public en dehors de la présence de l'artiste
qui en faisait le commentaire. De même, George Maciunas sera dépassé par
son entreprise : la quantité de savoirs et d'informations à gérer s'avèrera trop
grande et trop complexe. Il sera forcé de rajouter des fragments et des extensions
à l'infini à ses graphiques. Raad s'intéresse aux machines qui s'enrayent. Tel le
Bartleby de la nouvelle d'Herman Melville que Giorgio Agamben décrit comme
« le scribe qui ne cesse pas simplement d'écrire, mais dont le "préfère ne pas",
est la figure extrême de cet ange qui n'écrit rien d'autre que sa puissance de ne
pas écrire »[16], il pose son efficience politique dans une « puissance par défaut ».
Son projet éthique est constamment sous-tendu par le souci pragmatique de
mettre à l'épreuve les outils conceptuels et visuels qu'il emploie. Il n'est pas
abusif de penser qu'à l'instar des autres artistes qui partagent une même scène
intellectuelle et artistique à Beyrouth, Raad n'est artiste « qu'éventuellement ».
Il n'occupe l'univers de l'art contemporain qu'à la condition que celui-ci soit en
mesure d'être ouvert comme champ possible à des *poétiques-politiques (politics-
poetics)*[17] pour reprendre les termes utilisés par Catherine David et Jean-François
Chevrier pour la Documenta X de 1997. Des *poétiques-politiques* qui poseraient
non pas l'art *face* à l'Histoire, mais l'art *dans* des histoires. Raad entend proposer
des objets dialectiques conçus sur une « mise en conflit » d'éléments les uns avec
les autres, selon des procédures de montage et de re-montage similaires à ce
que Georges Didi-Huberman définit au sujet des moyens employés par Bertolt
Brecht dans son *Abc de la guerre* et son *Journal de travail*, comme autant de
« méthodes de connaissance » par « dislocation, et recomposition de toute chose »
en prenant acte du « désordre du monde ». [18]

Et lorsqu'il répète ces listes d'artistes sur les murs par superpositions de lettres mal ajustées ou lorsqu'il refait, selon ses propres modalités, l'œuvre de Walid Sadek pour l'intégrer à son projet, la répétition opérée ici par Walid Raad n'est pas à entendre comme une procédure post-moderne assignant la « mort de l'auteur à la naissance du lecteur » selon ce que dit Roland Barthes[19]. Il ne s'agit pas non plus d'une volonté simulationniste de réappropriation qui avait fait affirmer à Louise Lawler, Cindy Sherman ou Richard Prince que nul n'avait besoin d'ajouter des objets au monde visuel existant, « pour seul accès à la vérité de l'art ».[20] Cette répétition relève plutôt de ce que Giorgio Agamben décèle dans la répétition dans les films de Guy Debord : « La force et la grâce de la répétition, la nouveauté qu'elle apporte, c'est le retour en possibilité de ce qui a été. (…) Répéter une chose, c'est la rendre à nouveau possible. (…) La mémoire est pour ainsi dire l'organe de la modélisation du réel, ce qui peut transformer le réel en possible et le possible en réel (…) Lorsqu'il montre un extrait de journal télévisé, la force de la répétition, c'est que cela cesse d'être un fait accompli, et redevient pour ainsi dire, possible. »[21]

En 1953, Marcel Duchamp proposait une rétrospective Dada à la galerie Sidney Janis à New York. Un dépliant comportant les listes des noms des artistes et des œuvres présentés était donné au public à l'entrée de l'exposition avec l'injonction de jeter ce document à la poubelle à la sortie. Par invitation à un geste vandale destructeur programmé, Duchamp proposait donc à son audience de confirmer la fin de l'art proclamée par ses pairs Dadaïstes, qui selon Adorno, pensaient qu'il valait mieux « une absence d'art » plutôt « qu'un art faux ». [22]

Walid Raad invite le public visitant ses expositions à lui signaler les fautes dans les noms d'artistes exposés, afin qu'il les corrige. À chaque fois qu'un nom est ainsi rendu à son origine lexicale, Raad inscrit en rouge la correction qu'il laisse apparente dans l'espace d'exposition. Puis il récolte et expose des documents (biographies, articles de presse) sur les activités présentes ou passées de l'artiste concerné pour les insérer à son projet. Ainsi, le montage de cette nouvelle archive est construit à partir d'actions d'altérations, de vandalismes symboliques ou matériels individuellement ou collectivement consentis. Les répétitions et les démantèlements, tels que les pratique Walid Raad sont les moyens de rendre à nouveau des formes disponibles dans la sphère publique (démocratique), selon une (joyeuse) « profanation » du dispositif global de l'art et de l'économie. Une « profanation » telle que pourrait la penser Giorgio Agamben, comme une restitution à la communauté profane de l'usage de ce dont elle a été séparée.

1   Octavio Paz, « Point de convergence », in *Du Romantisme à l'avant-garde* (Gallimard, Paris, 1967).

2   Marina Vanci Perahim, « Ancêtres nécessaires et «douaniers» sans frontières : internationalisation du modèle primitif », in *Un art sans frontières, l'Internationalisation des arts en Europe 1900-1950*, eds. Gérard Monnier et José Vovelle (Publications de la Sorbonne, Paris, 1994), p.47.

3   Jack Goody, *The Domestication of the Savage Mind* (Cambridge University Press, Cambridge, 1977) ; *La Raison graphique,* traduction Française (Éditions de Minuit, collection « Le sens commun », Paris, 1979).

4   George Maciunas, « Lettre à Schmidt », in *Flux etc.* Janvier 1964.

5   Jacques Derrida, *Mal d'Archive* (Éditions Galilée, Paris, 1995).

6   Walter Benjamin, « Expérience et pauvreté », in *Œuvres II*, trad. Maurice de Gandillac, Pierre Rusch et Rainer Rochlitz (Gallimard, Folio/Essais, Paris, 2000), p.364.

7   Brian O'Doherty, *White Cube, L'espace de la galerie et son idéologie* (JRP Ringier, Genève, 2008) ; pour la traduction française, *White Cube, The Ideology of the Gallery Space* (University of California Press, Berkeley et Los Angeles, 1976).

8   *Les couleurs : sculptures – Les forme : peintures* (Collège Nouvelle-Écosse de l'art et le design, Paris, 1981), p. 62 ; reproduit dans *Daniel Buren, Mot à Mot* (Centre Pompidou, La Martinière, Xavier Barral, Paris, 2002), p.C62.

9   Theodor Adorno, *Théorie esthétique*, traduction française par Marc Jimenez (Éditions Klincksieck, Paris, 1989), p.50 ; *Ästhetische Theorie* (Suhrkamp Verlag, Francfort-s-Main, 1970).

10 *Tämass, Contemporary Arab Representations* (Fundació Antoni Tàpies, Barcelone, 2002).

11 Haroldo de Campos, « De la Raison Anthropophage », in *Lettre Internationale*, n°20, printemps 1989.

12 Catherine David, « Le Grand Labyrinthe », in *Hélio Oiticica* (Witte de With, Rotterdam, 1992), p.248.

13 Walter Benjamin, « Sur le Concept d'Histoire », in *Œuvres III*, trad. Maurice de Gandillac, Pierre Rusch et Rainer Rochlitz (Gallimard, Folio/Essais, Paris, 2000), p.431.

14 Entretien avec Hélène Chouteau, dossier de presse, Festival d'Automne à Paris, juin 2010.

15 Eric Michaud, « L'image matrice de l'Histoire », in *Histoire de l'Art, une discipline à ses frontières* (Éditions Hazan, Paris, 2005), p.145.

16 Giorgio Agamben, « Bartleby », in *La communauté qui vient*, trad. Marilène Raiola (La Librairie du XXᵉ siècle, éditions du Seuil, Paris, 1990).

17 Jean-François Chevrier and Catherine David eds., *Documenta X* (Hatje Cantz Verlag, Ostefildern-Ruit, 1997).

18 Georges Didi-Huberman, *Quand les images prennent position* (Éditions de Minuit, Paris, 2009), p.86. NB : Sur les bases théoriques de « connaissance par les montages » pour son projet d'exposition *Atlas* au musée Reina Sofia, à Madrid, en novembre 2010, Georges Didi-Huberman intitulait une section « Remonter l'Histoire de l'Art » qui comprenait entre autres, les *BilderAtlas Mnémosynes* d'Aby Warburg, les *Handatlas* Dada, les planches pédagogiques de Kasimir Malévitch, les *Charts* de George Maciunias, l'atlas photographique de Josef Albers, *Section XIXe siècle du Musée d'art moderne, département des Aigles* de Marcel Broodthaers etc.

19 Roland Barthes, « La mort de l'Auteur», in *Le bruissement de la langue* (Éditions du Seuil, Paris, 1984), pp.61-67.

20 Patricia Falguieres, préface de *White Cube, L'espace de la galerie et son idéologie* (JRP Ringier, Genève, 2008), p.21.

21 Giorgio Agamben, « Le cinéma de Guy Debord », in *Image et Mémoire* (Desclée de Brouwer, Paris, 2004), p.70.

22 Theodor Adorno, *Théorie esthétique*, traduction française par Marc Jimenez (Éditions Klincksieck esthétique, Paris, 1989), p.51 ; *Ästhetische Theorie* (Suhrkamp Verlag, Francfort-s-Main, 1970).

Liste des œuvres

The Atlas Group

Notebook volume 72: Missing Lebanese wars
[cat. A]_Fakhouri_Notebooks_72_131-149 | 1989/1998 | 21 tirages
numériques | 34 x 24.8 cm chacun | Collection Kirkland, Londres

Notebook volume 38: Already been in a lake of fire
[cat. A]_Fakhouri_Notebooks_38_055-071 | 1991/2003 | 9 tirages
numériques | 30 x 42 cm chacun | Collection Kirkland, Londres

Civilizationally, we do not dig holes to bury ourselves
[cat. A]_Fakhouri_Photographs_962-986 | 1958-59/2003
24 tirages numériques | 25.4 x 20.3 cm chacun | Collection
Kirkland, Londres

Miraculous beginnings and **No, illness is neither here nor there**
[cat. A]_Fakhouri_Films_238-239 | 1993/2003 | DVD, vidéo 2 écrans,
couleur | 1:43 minutes chacune | Courtesy Anthony Reynolds
Gallery, Londres

Hostage: The Bachar tapes (#17 and #31) – English version
[cat.A]_Hostage_Videotapes_017\031 | 2000 | Vidéo 1 écran,
couleur, sonore | 18 minutes | Courtesy Anthony Reynolds
Gallery, Londres

We decided to let them say, "we are convinced," twice
[cat. A]_Raad_Photographs_001-015 | 2002/2006 | 15 tirages
numériques | 111.1 x 171.3 cm chacun | Courtesy Galerie
Sfeir-Semler, Hambourg et Beyrouth

Let's be honest, the weather helped
[cat. A]_Raad_Photographs_001-017 | 1998/2006-7 | 17 tirages
numériques | 46.8 x 72.4 cm chacun | Collection Kirkland, Londres.
Courtesy Anthony Reynolds Gallery Londres

Secrets in the open sea
[cat. FD]_Secrets_Photographs_016-021 | 1994/2004
6 tirages numériques | 111 x 173 cm chacun | Courtesy Walid Raad

I only wish that I could weep
[cat. FD]_Weep_Videotapes_001-006 | 2002 | Vidéo 1 écran,
couleur, sonore | 7 minutes | Courtesy Anthony Reynolds Gallery,
Londres

My neck is thinner than a hair: Engines
[cat. AGP]_Thin Neck_Photographs_001-100 | 2001/2003 | 100
tirages numériques | 25 x 35 cm chacun | Courtesy Galerie
Sfeir-Semler, Hambourg et Beyrouth

"Oh God," he said, talking to a tree
[cat. A]_Hassan_Photographs_2004 | 2004/2008 | 31 tirages
numériques | 55.9 x 43.2 cm chacun | Collection Kirkland, Londres

Sweet Talk: Commissions (Beirut)

Sweet Talk: Commissions (Beirut)
1987–aujourd'hui | 16 tirages numériques | 111.8 x 188 cm chacun |
Courtesy Anthony Reynolds Gallery, Londres ; Galerie Sfeir-Semler,
Hambourg et Beyrouth ; et Paula Cooper Gallery, New York

Scratching on Things I Could Disavow:
A History of Art in the Arab World
Part I_Chapter One

Section 139: The Atlas Group (1989-2004)
2008 | Plexiglas, mousse haute densité, écrans LCD, 4 lecteurs
DVD, photographies numériques, plastique, acier, aggloméré,
alimentation électrique | 32 x 282 x 104 cm | Bristol's Museums,
Galleries & Archives et Gallery of Modern Art, Culture & Sport
Glasgow (Museums). Présentée par l'Art Fund par le biais de l'Art
Fund International

Appendix XVIII: Plates 24-151
2010 | 25 tirages numériques | 161.9 x 129.5 cm chacun |
Courtesy Anthony Reynolds Gallery, Londres ; Galerie Sfeir-Semler,
Hambourg et Beyrouth ; et Paula Cooper Gallery, New York

Plate 24_Untitled and/or a History of Venice III
Plate 56_Untitled and/or a History of a Notice
Plate 88_Untitled and/or a History of Art
Plate 89_Untitled and/or a History of a Museum
Plate 90_Untitled and/or a History of an Exhibition
Plate 91_Untitled and/or a History of a Dissertation
Plate 92_Untitled and/or a History of a Monograph (p.107)
Plate 93_Untitled and/or a History of a Ministry (p.99)
Plate 94_Untitled and/or a History of a Donor (p.106)
Plate 95_Untitled and/or a History of a Gallery (p.100)
Plate 96.1_Untitled and/or a History of a Fair (p.104)
Plate 97_Untitled and/or a History of Contemporary (p.101)
Plate 98_Untitled and/or a History of an Essay (p.98)
Plate 99_Untitled and/or a History of an Armenian   (p.105)
Plate 100_Untitled and/or a History of Venice IV
Plate 101_Untitled and/or a History of an Index
Plate 102_Untitled and/or a History of an Edition (p.103)
Plate 103_Untitled and/or a History of a Title (p.102)
Plate 104_Untitled and/or a History of a Foundation
Plate 105_Untitled and/or a History of a Salon
Plate 106_Untitled and/or a History of a Budget
Plate 108_Untitled and/or a History of a Genre
Plate 136_Untitled and/or a History of a Gift
Plate 142_Untitled and/or a History of an Annual
Plate 151_Untitled and/or a History of a Price List

Index XXVI: Artists
2010 | Vinyle, crayon et 36 tirages jet d'encre | Dimensions variables
| Courtesy Galerie Sfeir-Semler, Hambourg et Beyrouth

Section 88: Views from Outer to Inner Compartment
2010 | Vidéo HD 1 écran, couleur | 14 minutes, boucle | Courtesy
Walid Raad

La première date renvoie à l'attribution à l'Atlas Group, et la
seconde à la date de production.

Publications

Raad, Walid. *Scratching on Things I Could Disavow: A History of Modern and Contemporary Art in the Arab World / Part I_Volume 1_Chapter 1 (Beirut: 1992-2005)* (Los Angeles: California Institute of the Arts/REDCAT, 2009)

Raad, Walid. *Scratching on Things I Could Disavow* (Lisbonne: Culturgest and Cologne: Verlag der Buchhandlung Walther König, 2007)

Raad, Walid. *Let's be Honest, the Weather Helped: Documents from The Atlas Group Archive* (Cologne: Verlag der Buchhandlung Walther König, 2007)

Kolbowski, Silvia and Raad, Walid. *Between Artists* (New York: A.R.T Press, 2006)

Raad, Walid and Toufic, Jalal. *We Can Make Rain but No One Came to Ask: Documents from The Atlas Group Archive* (Montréal: Leonard and Bina Ellen Gallery, 2006)

Schmitz, Britta and Nakas, Kassandra eds. *The Atlas Group 1989-2004* (Cologne: Verlag der Buchhandlung Walther König, 2007)

Raad, Walid. *My Neck is Thinner than a Hair: Engines: Documents from The Atlas Group Archive* (Cologne: Verlag der Buchhandlung Walther König, 2006)

Raad, Walid. *The Truth will be Known when the Last Witness is Dead: Documents from the Fakhouri File in The Atlas Group Archive* (Cologne: Verlag der Buchhandlung Walther König, 2004)

Raad, Walid (as Ingrid Serven). 'Portfolio', *Movement*, janvier 2004, pp.38-45

Raad, Walid. 'Already Been in a Lake of Fire: Notebook Volume 38', *Grand Street*, issue 71, 2003, pp.214-221

Raad, Walid. 'Sweet Talk: A Photographic Document of Beirut', *Interarchive: Archival Practices and Sites in the Contemporary Art* (Cologne: Verlag der Buchhandlung Walther König, 2002), pp.380-383

Raad, Walid. 'Sweet Talk or Photographic Documents of Beirut', *Camera Austria*, numéro. 80, 2002, pp.43-56

Raad, Walid. 'I Only Wish that I Could Weep', *CTRL [SPACE]: Rhetorics of Surveillance from Bentham to Big Brother* (Boston: MIT Press, 2002), pp.626-629.

Raad, Walid. 'Civilizationally, We Do Not Dig Holes to Bury Ourselves' *Tamáss 1: Contemporary Arab Representations: Beirut/Lebanon* (Barcelone: Fundacio Antoni Tapies, 2002), pp.122-137

Raad, Walid. 'I Have Already Been in a Lake of Fire', *Framework*, issue 43, 2002, pp.42-63

Raad, Walid, and Zaatari, Akram. 'Mapping Sitting', *Camera Austria*, numéro.78, 2002, pp.16-43

Bassil, Karl, Maasri, Zeina and Zaatari, Akram en collaboration avec Raad, Walid. *Mapping Sitting: On Portraiture and Photography* (Beyrouth: Mind the Gap, 2002)

Raad, Walid. 'Miraculous Beginnings: Gibran', *Al-Adab*, numéro.1-2, 2001, pp.64-65

Raad, Walid. 'Already Been in a Lake of Fire', *Springerin*, hiver 2001, pp.42-47

Raad, Walid. 'No, Illness is Neither Here Nor There', *Felix*, volume 2, 1999, pp.61-64

Raad, Walid. 'The Beirut Al-Hadath Archive', *Rethinking Marxism*, volume 11, issue 1, 1999, pp.15-29

Raad, Walid. 'Missing Lebanese Wars', *Public Culture*, volume 11, numéro.2, 1999, pp.15-29

Raad, Walid. 'Bayrut Ya Beyrouth', *Third Text*, volume 10, issue 36, 1996, pp.65-82

Raad, Walid, and Salloum, Jayce. 'Up to the South... Excerpts', *Documents*, 2, 1994, pp.158-161

Crédits d'image

Remerciements

La Whitechapel Gallery remercie l'artiste, les contributeurs et les prêteurs qui ont permis la réalisation de cette exposition, en particulier Anthony Reynolds Gallery, London ; Galerie Sfeir-Semler, Hambourg et Beyrouth ; et Paula Cooper Gallery, New York

The Henry Moore Foundation

Cercle de l'exposition Walid Raad
Clarence Westbury Foundation / Cranford Collection, London / Edward & Maryam Eisler / Noor Fares / Zaza & Philippe Jabre / Jack Kirkland / Maha Kutay / Mundus Imaginalis Collection / Maya & Ramzy Rasamny / Maria & Malek Sukkar / Wedge Alternatives ainsi que tous ceux qui souhaitent garder l'anonymat

Cercle du directeur de Whitechapel
Ella Krasner / Catherine & Franck Petitgas ainsi que tous ceux qui souhaitent garder l'anonymat

Mécènes des expositions à la Whitechapel
Haro & Bilge Cumbusyan / Carolyn Dailey / Sarah & Louis Elson / Peter & Maria Kellner / Pascale Revert & Peter Wheeler / Renee & Mark Rockefeller ainsi que tous ceux qui souhaitent garder l'anonymat

Mécènes de Whitechapel
Charlotte & Alan Artus / Nasser Azam / John Ballington / Ariane Braillard & Francesco Cincotta / Hugo Brown / Sadie Coles HQ / Swantje Conrad / Alastair Cookson & Vita Zaman / Donall Curtin / DunnettCraven Ltd / Stephanie Dudzinski / Milovan Farronato / Nicoletta Fiorucci / Eric & Louise Franck / Alan & Joanna Gemes / David & Susan Gilbert / Gavin Graham / Louise Hallett / Cliff Ireton – Kingston Smith / Amrita Jhaveri / Matt & Kate Jones / David Keltie / James & Clare Kirkman / Lisson Gallery / Victor & Anne Lewis / Keir McGuinness / Warren & Victoria Miro / Mary Moore / Dominic Morris & Sarah Kargan / Mummery + Schnelle / Angela Nikolakopoulou / Simon Oldfield Contemporary Art / Maureen Paley / Dominic Palfreyman / Ketan Patel / The Porter Foundation / Tim Rich / Judith Ritchie / Alex Sainsbury & Elinor Jansz / Kaveh & Cora Sheibani / Karen Smith / Peter & Flora Soros / Bina & Philippe von Stauffenberg / Hugh & Catherine Stevenson / Helen Thorpe, The Helen Randag Charitable Foundation / Christoph & Marion Trestler / Emily Tsingou & Henry Bond / Kevin Walters / Cathy Wills / Iwan & Manuela Wirth / Withers LLP / Richard Wolff / Anita & Poju Zabludowicz ainsi que tous ceux qui souhaitent garder l'anonymat

Amis américains de Whitechapel
Bill & Alla Broeksmit / The Nightingale Code Foundation / Jolana & Petri Vainio / Marjorie G Walker / Audrey Wallrock / Cecilia Wong ainsi que tous ceux qui souhaitent garder l'anonymat

Associés de Whitechapel
Bettina Bahlsen / Anne Berthoud / John & Tina Chandris / Salima Chebbah / Carole & Neville Conrad / Crane Kalman Gallery / Amanda Caroline Cronin & Mark Daeche / Jane de Swiet / Philippa Found / Nicholas Fraser / Albert & Lyn Fuss / David Gill / Richard & Judith Greer / Elizabeth & Reade Griffith / Karen Groos / Mark & Sophia Lewisohn / Laetitia Lina / George & Angie Loudon / Kate MacGarry / Carol Manheim, Biblion / Janet Martin / Penny Mason & Richard Sykes / James & Viviane Mayor / Wiebke Morgan & Nicholas Morgan / Lord & Lady Myners / John Newbigin / Chandrakant Patel / Camilla Paul / Jasmin Pelham / The Piccadilly Gallery / Catherine & Etienne Pollard / Lauren Prakke / Paul & Charlotte Pritchard / Alice Rawsthorn / Jon Ridgeway / Fozia Rizvi / Tony Roome / David Ryder / Cherrill & Ian Scheer / Karsten Schubert / Stuart Shave, Modern Art / Henrietta Shields / Liam & Jackie Strong ainsi que tous ceux qui souhaitent garder l'anonymat

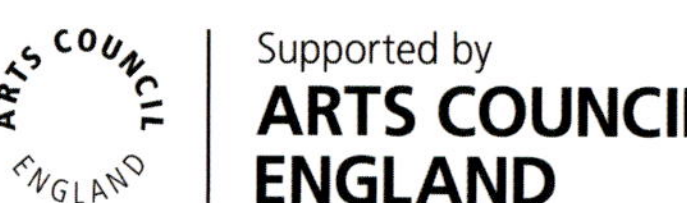

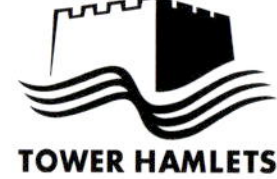

Directrice
Iwona Blazwick

Président du conseil d'administration
Robert Taylor

Administrateurs
Duncan Ackery
Edward Eisler
Ann Gallagher
Runa Islam
Cllr Lutfur Rahman
Michael Keith
Keir McGuinness
Farshid Moussavi
John Newbigin
Dominic Palfreyman
Atul Patel
Catherine Petitgas
Alice Rawsthorn
Andrea Rose OBE
Sukhdev Sandhu
Nitin Sawhney
Alasdhair Willis

Le **Festival d'Automne à Paris** remercie tous ceux qui ont permis la réalisation de cette performance.

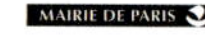
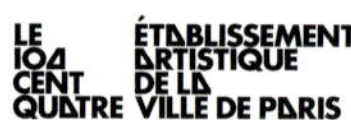

Le CENTQUATRE
104 rue d'Aubervilliers / 5 rue Curial
75019 Paris

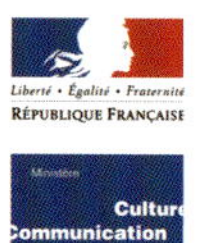
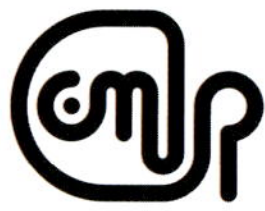

Commande publique du ministère de la Culture et de la Communication / Centre national des arts plastiques

Coproduction Festival d'Automne à Paris ; Wiener Festwochen; Thyssen-Bornemisza Art Contemporary, Vienne ; Kunstenfestivaldesarts ; Les Halles, Bruxelles ; Hebbel am Ufer, Berlin ; Le CENTQUATRE, Paris

Production Walid Raad
Présentation Carlos Chahine
Coordination de la production Celesta Rottiers
Assistants de la production Raphael Fleuriet, Ryan Garrett, Kristine Khouri et Mores McWreath
Maquette/fabrication/imression Situ Studio (Brooklyn/New York) et Lucien Samaha
Producteur executive Klein verzet vzw
Coordination technique Rémi Vidal et Herman Sangeloos

Centre national des arts plastiques
Richard Lagrange et l'equipe du Centre national des arts plastiques

CENTQUATRE José-Manuel Gonçalves et l'equipe du CENTQUATRE

Avec le soutien de la Galerie Sfeir-Semler, Hambourg et Beyrouth ; Anthony Reynolds Gallery, Londres ; et Paula Cooper Gallery, New York

Avec le soutien de Zaza et Philippe Jabre, Sylvie Winckler, et du Fonds de Dotation agnès b.

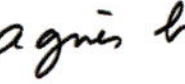

Réseau TRAM

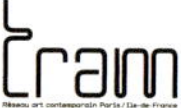

Festival d'Automne à Paris, 156 rue de Rivoli, 75001 Paris
www.festival-automne.com

Index

Ce catalogue est coédité à l'occasion de l'exposition

Walid Raad
Miraculous Beginnings
Whitechapel Gallery, Londres
14 octobre 2010 – 2 janvier 2011
Tournée à Kunsthalle Zürich, 2011

Et de l'exposition et des performances

Walid Raad
Scratching on things I could disavow:
A history of art in the Arab world
Festival d'Automne à Paris, CENTQUATRE,
Paris, 6 novembre – 5 décembre 2010

Exposition à la Whitechapel Gallery
Organisée par Achim Borchardt-Hume,
Commissaire général
Assisté de Cassandra Needham,
Commissaire adjointe

**Performance pour le Festival d'Automne
à Paris**
Marie Collin, directrice artistique

Publication
Directeur de la publication :
Achim Borchardt-Hume
Assisté de Cassandra Needham, Emily
Butler et Lydia Cowpertwait
Traduction de l'anglais vers le français :
Barbara Turquier
Graphisme : SMITH
Victoria Forrest / Selina Swayne
www.smith-design.com
Production et impression : EBS, Italy

© 2010 Les auteurs, artistes et
photographes, et Whitechapel Gallery
Ventures Limited

Whitechapel Gallery est une marque de
Whitechapel Gallery Ventures Limited

Tous droits réservés. La reproduction, le
stockage et la transmission de cet ouvrage
par quelque procédé que ce soit
(électronique, mécanique, photocopies ou
autres), même partiels, sont interdits sans
l'autorisation écrite de l'éditeur.

Une référence bibliographique de ce
catalogue est disponible à la British Library.

Première édition par

Whitechapel Gallery
77-82 Whitechapel High Street
London E1 7QX
United Kingdom
Tel. +44 (0)20 7522 7888
Fax. +44 (0)20 7522 7887
info@whitechapelgallery.org
www.whitechapelgallery.org

Pour commander
(Royaume-Uni et Europe) :
+44 (0) 20 7522 7888 ou
mailorder@whitechapelgallery.org

Distribué en librairies
(Royaume-Uni et Europe)
par Central Books
www.centralbooks.com

Représenté en Europe par
orders@durnell.co.uk

ISBN 978-0-85488-190-1

Image de couverture :
Walid Raad, *Let's be honest, the weather
helped, Plate 001 Saudi Arabia* (détail),
1998/2006-7

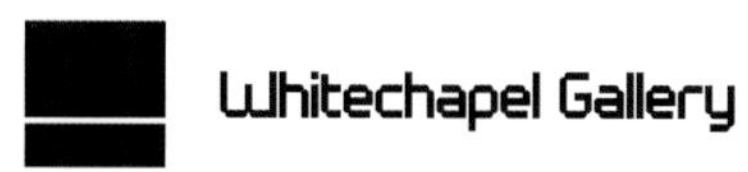
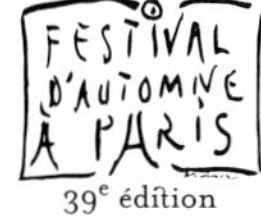